为自己跳舞，就会有人加入

[美] 约翰·金 著
JOHN KIM

[加] 乙霖 译

四川文艺出版社

果麦文化　出品

本书来自执业婚姻与家庭治疗师约翰·金，
他一直为被亲密关系困扰的来访者提供直接、快速的治疗。

结合上千次治疗的经验，
他力图通过本书解决亲密关系中的一个难题：
如何处理破碎的感情，重新开始。

目录

引言

ACT 1
断开·重连

ACT 2

放手

ACT 3

重新出发

有时候，你需要独自一人站立，来向别人和自己证明，你仍然能够站立。

——佚名

引言

　　我单身过。很多次。我和孤独做斗争，遭遇很多次拒绝，不敢相信自己有魅力。我一次又一次尝试"与自己约会"，可那全是胡扯。事实上，我们毕竟是人类，不应该孤单地过一生。我们想去爱，这天经地义。从生物学角度而言，人类身体结构就是按照寻找伴侣的需要而构造的。糟糕的是，一旦缺乏恋爱对象，我们就会陷入迷茫，或者是我们有了所爱之人，却又迷失其中。

　　我曾为单身而苦恼，也在感情关系里迷失自己。一段感情刚结束又紧接着投入下一段。分手没过几天我就"重返婚恋市场"，在手机上左滑右滑，继续寻找，继续迷失。因为我不想孤零零一个人，也不想独自吃饭。也因为我太享受性爱了。从更深层分析，是因为我需要向自己证明，我是有吸引力的，是值得被爱的，我是有价值的。周五晚上，当你一个人面对空屋化悲愤为食欲的时候，以上三点价值感你绝对感受不到。

　　出于绝望，我曾联系过前任们，后来又后悔这么做。我也曾怀疑自己到底错过了几个真爱。我感受过那种深深的孤独，那种让人不洗头不打扮，只穿运动服的丧。我做过以下所有的事情：与不太感兴趣的女士谈恋爱，被我真正喜欢的女人拒绝，在一段关系里为迎合别人而伪装自己，为讨好对方强迫自己做感觉不对劲的事，还包括一次性吃了太多的冰激凌。

内心深处，我意识到自己需要去单身，刻意地去单身。从二十二岁起，我一直处在一段又一段的恋爱关系里。后来我才明白，在建立一段健康而有意义的情感关系之前，更需要与自己建立起良好关系。我得把自己梳理清楚，打破惯性模式，找到内在那种真正自我的感觉，不再依赖他人，要将注意力集中在恋爱以外的其他生活领域。**因为生活不应该只是用来寻找爱人。**也许你现在还不觉得，但相信我，事实如此。

经历了离婚，我才学到这些。因为我终于能逼迫自己去好好审视自身，因为四周已经没有其他人的存在能让我再找借口了。离婚迫使我重新评估人生，真正检视我所做过的事情和背后的原因。尽管这过程很痛苦，却是我一生中发生过最好的事情。因为这是"重新联结自我"征途中的第一块多米诺骨牌，是我人生中第一次主动选择独自一人。

一开始，这感觉糟糕极了，很痛苦。我将和谁接吻？与谁拥抱？大雨天宅家里跟谁做爱，和谁一起看纪录片？谁来给我挠背？到了周末怎么办？我一个人能做什么？如果什么也不做，那我又是谁？一个人在那儿无所事事和有人在身边一起无聊，这两种感受完全不同。如果和伴侣在一起什么也不想干，那只能说明你找到了真爱。而我独处的时候只觉得自己是个失败者。这感觉太糟了，"下顿饭到哪个餐厅吃"这种难题突然变得容易。我感觉生活已经完蛋了。

一旦开始恐慌，各种念头就从脑海里奔涌出来。我不得不郑重提醒自己，是我刻意选择了一个人生活。这是个非同寻常的决定，我必须坚信自己会在其他各方面变得更好，这就是打破常规的样子。不仅仅为了自己，也是为了所有我将要去帮助的，向我寻求治疗的来访者。这就是我的动力，就像加了92号汽油，而最后我做到了。坦率地讲，这个过程好难啊，就像戒瘾那样难。就像来访者们在和我咨询时常提到的那样，我每天都小心翼翼地坚持着，不敢操之过急。果然，一切缓慢又坚定地好转了。不仅困难变得更容易克服，我也变得不同了。内心开始产生变化，我开始成长。

当我开始内心的建设（这部分稍后我会详细介绍），我也自然而然地能够完成外部现实世界的工作。更准确地说，我忍不住想要高效工作。因为当内心发生变化，正向能量自然而然地向外扩散，如同你突然意识到自己不能像二十多岁时那样一次性吃掉整包薯片。我内心某个角落发生了永久的改变，甚至有了这样的创举：竟然能在一包薯片没吃完之前把它收起来，还用夹子夹住了袋口。那段时间我产生了很多诸如此类的变化，所以我决定把它们写下来。我开了一个叫作"愤怒的治疗师"的博客，生平第一次以脆弱的心态写作，不再为百万美元的剧本稿酬去刻意编造聪明的对话，只是写我的真实经历。博客很快就有了粉丝，我和他们通过邮件与Skype会话进行咨询，后来这些粉丝都成了来访者，他们希望能从真正感同身受的人那里得到直截了当的建议。讽刺的是，我最失败的那段关系反而成了治疗的催化剂，来访者们都因此跟我讨要恋爱建议并寻求指导。

写这本书的驱动力来自我过去十年中指导过的成千上万名因单身而陷入严重抑郁的来访者。他们中的许多人拥有光鲜成功的职业生涯，有很棒的朋友，但每到清晨无人亲吻，每到周五傍晚就要独自打发时光，他们因此视自己为失败者，从内心觉得找不到伴侣是因为自己不够好。他们往往都经历过糟糕的、受过创伤的、不平衡的感情关系，却依然认为单身比陷入一段不健康的关系还要糟糕。他们认定是自己出了问题，于是向我寻求答案。一些人已经三四十岁，为时间在流逝焦虑不已，认为今后遇见真爱的概率正在逐渐降低。

一个典型的情境

咖啡店——清晨

约翰在笔记本电脑前埋头工作，突然意识到一个三十岁出头的女子站在他面前。

约翰

你好。

克里斯蒂

你好呀。

克里斯蒂

（还没落座就开聊）

我告诉男朋友我心里还想着别人，他就和我分手了。

约翰

哦，我很抱歉！

（约翰合上笔记本电脑，准备好开始他的咨询）

克里斯蒂

我有一个朋友叫迪昂，我们正在合作一个项目。我们之间有很强的化学反应。在你问问题之前，让我先解释一下……其实他看起来不适合我，我知道的。但是我控制不住自己，总在想他。

约翰

你告诉你男朋友了吗？

克里斯蒂

准确地说，他昨天才刚刚变成前男友。我在约书亚树国家公园的静修中心静修的时候突然得到启示，才意识到，我之所以和他在一起只是因为我们看起来很登对。我从来没有被他真正吸引过，这对他不公平。

约翰

好的，我们先在这里暂停一下。和我讲讲你以前和其他人的恋爱经历吧。你要来杯咖啡吗？

克里斯蒂

不用了，谢谢。我十四岁就失去处女之身。其实有点记不清了。

（一些顾客瞥了过来。约翰已经对此习以为常。他经常在这里做咨询。他的来访者常常没有注意到其他顾

客的目光，更不会介意）

克里斯蒂

我谈过一段九年的恋爱，那个男生总是满嘴脏话。另一段恋爱就是一场噩梦，反正，一开始没那么糟，但你懂的……

约翰

你有过健康的恋爱关系吗？

克里斯蒂

没有，除了刚刚被我喊停的那段。

约翰

所以你刚失恋。这段感情是健康的，但是他对你没有性吸引力。可能吸引你的男人通常都有问题，还对你不好。并且，你很清楚这点。

克里斯蒂

是的。那我应该选谁好呢？

约翰

选你自己。

克里斯蒂

啊？

约翰

为什么只能选你那几个前男友呢？

克里斯蒂

因为我生活里只有这些感情经历。

约翰

我觉得你应该去单身。（停顿）刻意单身一段时间。

（克里斯蒂看起来非常惊讶）

我经历过几百次这样的情形。不同的故事线，但其实都一样。于是我决定写这本书。我们往往不知道如何去单身，这是大多数人不会主动开启的旅程。

是时候去重新定义单身了，你会发现，当自己最终主动选择单身时，能有哪些重大收获。

单身阶段是个人成长最肥沃的土壤

人们谈恋爱时通常不愿去深究上一段关系里的问题。因为你才从失败的情感废墟里逃出来，正沐浴在一段新的关系之中，生活还在继续。但有扇门正在悄悄关上——全面回顾上一段感情，去承担自己那部分责任并从中汲取经验，进而成长为更好的自己的可能性实在太低了，尤其是当上一段关系结束没多久又投入新的关系时。但我们大多数人都这样。

这就解释了为什么在两段感情之间的空窗期，个人成长的土壤会如此肥沃珍贵。在遇到另一个人之前，你还拥有一小段时间来为自己和生活做些什么。这不是说你不能在恋爱中成长（本书后面很多篇幅会谈到这点），必须承认，当你处于关系之中，你是与他人在共建这段关系。你只是那个工程的一部分。所以，要充分利用单身这个身无挂碍的阶段。与其寻找伴侣，不如去探索自己，探索你自己的规律，你对生活的定义，探索要如何去爱，又为何要爱。探索你的梦想，你想在这个世界留下什么样的痕迹。你必须探索与自我的关系。你必须先和自己在一起。

我写这本书的目的，是让你开启个人成长的历程，把你隆重介绍给你自己。这对许多人来说都是第一次。

首先，我们需要摒弃生活中最大的误解之一：只有和别人在一起时你才快乐。在过去的很多年里，我指导了上千名单身人士，他们每个人来到我这里时都认为没有伴侣就无法快乐。要快乐，就必须结婚，或者有人愿意跟你回家。他们认为单身状态代表着不完整或有缺陷。不仅如此，他们竟然还认为问题出在自己身上。

其实，你不恋爱也能感到幸福。尽管恋爱使人快乐。我们都是人，想恋爱是合理诉求。但恋爱并不是幸福的必要条件。这不是生活中唯一能找到愉悦的方式。你的幸福不取决于是否爱着什么人。电影、广告、社会规范、社交媒体、原生家庭的固有模式等诸多信息会投射到你的大脑，让你产生程序化的想法。

这个世界一直在暗示你：既然得到了人生中第一个芭比娃娃，那就快去买个肯，这样就能凑成情侣，看起来花好月圆。但芭比从未需要过肯。她自始至终只想要那辆敞篷车。是周遭世界不断地告诉她：你需要有房子和男人。（我们甚至都没赋予肯职业和个性，也没问过他是否喜欢女生。）

是时候给单身人士赋能，为他们提供更好的幸福人生蓝图了。是时候打破旧定义，碾碎心里那个一直在嘀嗒作响的倒计时器了。是时候去删除所谓的"应该"，撕下诺曼·洛克威尔[1]的画作，并在画上踢个洞。我们终于能给"单身"披上它早就应得的超级英雄披风。

适合阅读这本书的读者

这本书适合那些还在寻找"真爱"且觉得自己不完整或有缺陷的人，厌倦了在约会软件上反复滑动屏幕寻找伴侣、被照片骗过的人，曾与人短暂相爱又毫无征兆被断联分手的小可怜。还适合那些被变态骚扰、受够了私处照的人，被双重标准对待过的人，不接受一夜情的人。这本书适合所有渴望有朝一日能养育孩子的人，也适合在感情中遭遇过绝望、孤独和沮丧，不知道该怎么办的人。

这本书也适合正处于关系中但过了甜蜜期的人。这类人在感情之路上开始变得漫无目的，双方的共同兴趣逐渐减少，各自成长渐行渐远，正由"深深相爱"变成"逐渐迷失"。你们都不像以前那样了解自己，生活中有了越来越多的相互指责，味

---

1 美国二十世纪上半叶著名插画家，作品优雅华丽，多描绘美国中产的生活方式，传达出强烈的家庭价值观。（本书注释如无特殊标注，均为编辑注。）

同嚼蜡、名存实亡的性生活，你们失去了刚在一起时的自我联结。你可能对伴侣有所抱怨，但也意识到这并不完全是对方的缘故。这不是一个关于改变任何人或修复关系的问题。你已没有更多精力去改善以上这些。一切只能从你自己开始。

因为，单身不仅仅意味着独自一人，单身意味着做一个完整的人，即使你正处在一段关系中，甚至恰恰当你处于一段关系之中时，这一点才尤其重要。单身意味着，不要仅凭一段关系就轻易定义自己，也不要完全依赖那段关系。单身时头等重要的，是与自己建立起健康的关系。但我们中的许多人会在恋爱中迷失自己，缩小成为整体中的一部分，被更庞大的东西——关系和伴侣所笼罩。还有一种情况是，我们带着破碎的自己进入一段感情，期望通过一场恋爱或者靠对方来拯救、疗愈自己。然而我们都知道，带着这种目的恋爱，结局只能收获一场失望。

唯有两个完整的人走到一起，才能建设出一段共同成长、彼此滋养的良性关系。双方是共同生活，而不是相互对抗，或其中的一方围着另一方转。为了有朝一日能建设这样的良性关系，你需要先与自己建立起健康的关系。但问题在于，没有人教过我们。学校里的通识教育没教人与人之间的边界感，没教如何去独立生活，也没有教自我认知。对大多数人来说，这些能力也不可能天生具备。人出生时没有自带《人类使用说明书》，所以我们从未学会如何真正地照顾自己，与自己建立联系，更不用说与自己建立一段健康而丰富的关系了。我们知道选哪款护发素最适合自己的发质，也知道出于健康考量哪些食物需要避免，我们懂得如何去照顾别人，但我们就是不知道如何去滋养自己的灵魂。我们不知道如何用马克笔，而不是粉笔来画界线。我们不知道如何充电。我们不知道如何消解认知扭曲。我们不知道如何区分"我们是谁"与"我们做什么"这两个不同的概念。我们不懂如何真正地爱自己。懂得爱自己，不是指去阅读相关心理自助类书籍，然后逐项勾选"爱自己"清单。懂得爱自己是一种会由内而外改变我们的方式，一种深刻、诚实、可持续的方式。深刻地爱自己是为了让我们理解并接受自己的经历，让我们知道自己是谁、我们的价值是什么。

最终，这本书还适用于那些从未单身过的人。你可能从高中起就一直处在关系中，从一段关系跳到另一段，重复相同的糟糕模式。你的朋友可能会说你需要独处，但你却不知道怎么做，他们认为你在找借口，可事实上你是惧怕面对自己，隐藏在别人身后似乎更容易。但这阻碍了你作为人的发展和潜力。你也明白这些道理，你知道需要与自己建立关系。但如果你不知道如何与自己建立关系，那你就需要一份有效的指引地图。

从创伤者到创作者

当我第一次开始写博客"愤怒的治疗师",没想到真的会有人看。说实话,我那时非常孤独,只想找件事情来打发时间。我需要让自己从自我和孤独感中抽离,将注意力放到其他事物上。那时的我无法正视自己的糟糕状态。所以我想,每天将精力投入空白网页可能会有所帮助。实际情况是,写博客的确让我重新开始与自己建立联系。我不间断地记录下自己的心路历程和人生转变,伴随着博客,我获得了启示,人生中第一次有了神奇的感应。这种感应不仅仅是关于我和正在经历的事情,我隐隐感觉自己博客上的故事有机会帮到他人,我开始思考如何将博客或互联网之类的东西作为治疗工具。"愤怒的治疗师"不仅给了我一个对外表达观点的声音,还让我在生命中第一次找到强烈的目的感。

由此我找到了人生信念,并竭尽全力朝那个目标奔跑。我开始为世界各地的来访者提供咨询,有些通过网络镜头,有些约在咖啡店见面,我有时也会带着他们去野外徒步。我穿着内衣站在自家厨房里就开始教授"生活教练密集培训课程"。那时的我无知无畏,但认定需要去创造一种新的教学方法,这种方法不需要学员为了助学贷款而吃六年的快餐拉面,也不再需要疲惫地应付在你背后神出鬼没的委员会。这个密集培训现在被称为 JRNI 训练，已经培训了超过 600 名学员。这种能量支撑着我出版了第一本书，然后是另一本，现在的《为自己跳舞，就会有人加入》是我的第三本书。这些书都是为了表达这个观点：如果你有勇气开始对自己下功夫，而不仅仅是专注于你将要爱的人，你的故事就有可能超越你本身；然后，当遇到一个值得拥有你的人时，作为一个有明确目标的完整的个人，你能带给这段关系很多正向的东西。当然还有一种情况是，如果你正处于一段关系中，你将能从自我中寻找到更多意义感和价值感，而不是向对方去索取意义感和价值感。你们的关系将会更加平衡，健康，可持续。

如我所述，这本书将会一路陪伴着你，而不是针对你。我努力写得贴近普通人的生活，因为心理自助是不需要烦琐步骤的。当一些故事来自真实的人生和他人经历过的体验——包括痛苦的错误时，就更加难能可贵了。这就是这本书想带给你的——我的来访者们的故事，和我从他们那里学到的东西。还有我那段重新找回自我的冒险经历。请把这本书想象成我约翰·金版本的《美食、祈祷和恋爱》[1]，只是没有环游世界的异国情调，没有美食，也没有充满热情的恋爱故事，更没有在古老寺庙中向上帝祈祷。取而代之的内容是：

1　畅销书，被翻拍成好莱坞电影，又被译作《饭祷爱》。

我文了身，骑着摩托车重新发现了洛杉矶；我吃了很多甜甜圈，我健了身；我哭了，写了博客；我踏上内心的旅程，归来时已脱胎换骨。现实中，大多数人在内心经历涅槃重生的过程时无法摆脱庸常生活的设定，更没有条件去环球旅行。他们仍然得每天按下闹钟去上班，去照顾别人。但这并不意味着他们不能重建自己。他们仍然可以成长、进化和改变，而我就是这么做的。

我不仅仅是那个曾帮助过成千上万人重写人生故事的治疗师，我也是一个无可救药的浪漫主义者，追求认同和认可，试图通过与女性在一起来填补内心空虚。那时我除了自己名下的博客和一个网络摄像头，真的是一贫如洗，一无所有。我是一个与依赖症和病态依恋做斗争的人，一个小时候过早接触黄色图片，并且（仍然）难以与人建立真正的亲密关系的人，一个将爱情当作解药的人，一个总是生活在头脑中，与身体脱节，没有目的感和自我感的人。我想说的是，和你一样，我有个复杂的故事。我经历过和你一样糟糕的事情。对我而言，没有什么雨过天晴，因为天晴后还会下雨。你的旅程永远不会结束。它随着你的改变而改变。只有当你决定开始，旅程才会发生。生活吹响了行动的号角，如果你不踏上旅程，你将永远生活在过去。你会沉浸在静默之中，愤怒、痛苦、不完整。

如果你决定接受内心的呼唤（是生活中发生的一切，冥冥之中促使你此时此刻翻到了这本书），你与自己的关系将得到加强，你将拥有生活的主动权。你将进化并开始接近真理，更具潜能地生活。你看待世界的方式会发生改变，好事将会发生。若是通过以往的旧视角，则完全看不到这些变化。

你不是为了寻找伴侣而看这本书的。但我保证，一旦你有了伴侣，你一定会是更好的自己。因为这本书不关乎找到另一个人，它关乎找到你自己。

ACT

1

断开 · 重连

目前，生活、工作着的，还在喘气的单身成年人比历史上任何时候都要多，他们真实存在着。2017 年的美国人口普查报告指出，18 岁以上的未婚人口达到了一亿一千一百六十万，占成年人口的45.2％，他们的生活模式正影响着社会并形成一种全新的社会规范。未婚人群是命中注定会沉沦，还是正尝试着某种真正激动人心的事物呢？

——社会科学家贝拉·德保罗

《被忽视的单身者》

单身与自我价值无关

　　当你单身的时候，孤独感是真实存在的。所以我先来谈这个话题——大多数人都经历过孤独。我明白，也经历过很多次。如果能拥有"我现在除了自己谁都不要"的强大心态当然很好，但这必须经历一段心路历程才能具备。不如先将这个心态暂时放下。只是说出豪言壮语而不去实践，是无法自动达到这个状态的——这相当于你在对着一面假旗帜宣誓。

　　接下来我会解析为何失去亲密伴侣会让你感到孤独。因为亲密伴侣能给予的感受实在是独特，而这种感受无法从其他任何人那里得到。想象一下，那些下班后的深聊和每周六早晨爱人亲手做的华夫饼，能让你感受到这个世界是有意思的。爱人怀抱着你能让你像婴儿一样酣然入梦。舌吻的感觉太棒了。当你凝视对方的眼睛超过三秒钟，就会意识到人不该独自在世间闯荡。当你向对方坦露真情的同时，也能感受到自己是如此真切地活着，充满着对生活的热爱。也只有伴侣才会真正关心你每天都经历了什么，你不可能跟朋友分享每一天是怎么过的，否则就没朋友了。我们生来就愿意给予和分享，因为我们注定会爱上一个人，又注定通过别人找回自己，我们注定要爱，用力地爱。因为与爱人在家共享晚餐，比一个人独自享用更加令人愉快和满足。

你感到孤独，因为你渴望这些，但你还没有找到可以一起体验的人。没关系。没必要回避这点，也没必要强迫自己按照小说《美食、祈祷和恋爱》里写的，为修正情感中的自我而去环球旅行。除非那真的是你极度需要的。对许多人来说，更确切地说，是对绝大多数人而言，我们感到孤独只是因为还没找到爱人而已。就这么简单。停止评判，不再给自己贴上标签。如同缺觉了就会感到疲倦那样合乎情理，如果你已经有相当一段时间没谈恋爱，自然会渴望爱上一个人，并因此感到孤独。

只不过"感觉孤独"和"我是孤独的"这两者之间是有区别的。前者是个体感受，那种来了又走，走了又会重来的真实感受。后者是身份认同，与个人价值感紧密相连。如果前者仅仅是感受到这种感觉，那后者则被你赋予了额外的意义。你是孤独的，因为你感受到了孤独，你觉得自己有问题：太老、太胖或有什么别的问题。但这不是你的错。周遭的社会环境偷偷把这心结系到你心上。无论你是否意识到，你的思维已经被设定好了程序。想想看：你看过哪部电影或电视剧的主角没找到爱人但仍然快乐的吗？哪个男主角最终没获得女孩芳心？哪个女主角没找到男人？孤独感是需要去克服困难的挣扎。只有克服之后，你才会感到快乐。

你要从根源去理解孤独感，无论外界条件如何变化，孤独的本质和孤独对我们的影响都是不变的。饥饿或性欲都是一时的感受，而孤独则是一种持续的状态，它会让你失去希望，并质疑自己是否还能再次找到爱。我不打算用逻辑来证明你是错的。你感你所受，那感受是如此真切。我懂。我感受过。当我们孤独了相当长一段时间，就开始相信没有人愿意和自己在一起。我们开始相信自己终将是孤单一个人。我明白，也做过类似的事情。孤独演变成了无望。这是一记连环拳。

但这世上并非只有你不完美。你需要重新定义旧观念，不要再错误地将"感觉孤独"等同于"我是孤独的"。

第一步，不要再沉浸于所谓的孤独感。停止喂养这种念头。不要问自己最终是否会找到梦中情人。也许你永远找不到。如果这个念头已经撼动了你整个内心世界，那你现在最不需要的就是一段亲密关系。这种绝望只会毒害你当下的关系。所以，让我们分析你的恐惧，把头抬起来，深呼吸，然后问自己：**万一你永远找不到伴侣会怎样？**

你的心脏停止跳动了吗？可能暂停了一秒钟，但撇开你的感受，你的确还活着呢。听着，我不是真的说你再也找不到爱。我是想说，这个悬而未决的问题像乌云一样笼罩着你，正是它剥夺了你面前那跳动着的、充满活力的生活。这个巨大、反复的自我设问正在阻碍你好好活着。相反，你在期待某件事发生，而这种等待产生了孤独感。你挣扎对抗的其实并不是孤独感。内心深处，你隐隐认为自己也许将永远独自一人。这是种彻头彻尾的绝望，这才是最让人崩溃的。如果要点亮灯光，摆脱沉重阴影，你必须直面信念。怎么做呢？完全地接受它。积极地接受是指练习如何去接受生活的实际情况，不抗拒你无法改变的事情。积极地接受是对生活说"好的"，允许生活本来的样子。

在这种情况下，单身并不意味着放弃爱，不意味着否认你的渴望，也不意味着把自己"从婚恋市场上撤下"，或是要删除所有约会应用软件，每晚只待在家里。事实上，它的意义可能完全相反：走出去，好好活。停止等待，停止期望，停止焦虑。

在你尝试做这些之前，你必须先接受一种可能性：也许永远没法找到那个人。再次强调一遍，并不是说你不会。只是说，就算找不到，你的世界也不会终结。天不会塌下来，你仍然能建立了不起的、有意义的生活。我帮助了许多来访者在没有伴侣的情况下建立起了了不起的生活。这些还未遇到"真爱"的来访者带着强烈的缺失感和自卑找到我，开始跟着我学习将他们的生活筹码从"我们"转移到"我"上，押注自己。他们花时间去经营事业，锻炼更好的身体，建立充满意义感的友谊，最后都收获了更幸福的生活。他们会去新餐厅用餐，他们重新

24

提笔开始绘画，参加舞蹈课，找到了健身的热情，学习骑摩托车，学习第二门语言。他们攀岩、旅行并辞掉了厌恶已久的工作。他们被新激情滋养着，尝试所有曾经梦想过的事情。他们在自我中找到了自由和舒适，并意识到：是的，你可以渴望伴侣，但生活不必因为没有伴侣而停止。

你越接受这个事实，就越能斩断将单身与低自我价值感联系起来的沉重锁链，就越不会觉得需要找到爱人才能快乐。你就能活在当下，而不是一直念着未来。一旦接受这个事实，你就奔向了自己，而不是轻易投入同路人的怀抱。当有一天你遇到对的人（你一定会的），你会带着更有趣、更吸引人的恋爱技能和经验投入这段关系。与其遇到一个能从境遇中拯救你的人，不如遇到一个能与你分享当下快乐的人。

看，没有人想单身。不是你，也不是我。我们都想拥有另一半能一起分享生活。"如果你永远找不到伴侣怎么办？"这个问题十年前会让我的灵魂沉沦许久。一想到自己要独自度过一生，这念头就让我感到恐惧。没有人分享美食，没有人拥抱或思念。我给谁发送荤段子？和谁一起宅家里消磨时光假装度假？但十年前，我的生活并不丰富。这就是过去之我和现在之我的区别。我仍然完全是个无可救药的浪漫主义者，对爱的渴望并没有减少分毫，只是现在的我拥有更完整、更丰富的生活。这和生活中是否有伴侣无关。这一点反而给予我力量。在问自己"我将和谁一起生活"之前，记得先问自己：我想要去哪里？

爱和关系只是你生活的一部分，而不是全部。你的生活中还有许多其他充满意义又充实的方面：你的工作，你的艺术，你的职业生涯。充分表达你的声音，刻下你在这个世界上将要留下的印记：你的友情，你的家庭，你的激情、爱好，你那勇于探索、学习、成长和拓展疆域的好奇心。当你真正建立起自己的生活，一种真实的、独立的生活时，对孤独的恐惧就会自然消退。

如何找回自己

事情就是这样。作为孩子，我们好奇无畏，赤脚爬树，寻找冒险。我们中的大多数人都经历了一场糟糕的狂风暴雨。我们被霸凌，因为与人撞衫，或是带了没人愿意交换的午餐而被嘲笑。我们见过父母吵架扔椅子，目睹他们离婚、酗酒。赚钱是个大事，而且永远赚不够。所以我们不得不快速长大，找工作，照顾手足。如果你是女性，你还会被教导要友好、安静、乐于助人。你的个人边界常常被跨越，眼睁睁看着一些东西被人拿走，也许是你的贞操，也许是你发声的权利。我帮助过的女性之中有五分之三在成长过程中都经历了某种性虐待或性侵犯。这是事实，不寻找真相源头，就无法最终疗愈。如果你是男性，即便你父亲没教，男更衣室和整个社会也会告诉你，要自力更生，要压抑感情，男人就要"像个爷们儿，支棱起来"。

所有这些条条框框通过某种方式塑造了我们。我们变得害怕、敏感，情感发育迟缓。我们很在乎他人，也在乎他们对我们的看法，因为那时的我们对自我的感受不强。但那时的灵魂还没完全被糟糕的工作和不平衡的关系压垮。我们对信用卡债务、税收、被拒绝这类事情一无所知，还没有被忽视，被欺骗，被劈腿，恐惧和错误的信念也还没能劫持我们。心理调节器锁定在"探索"这个关键词上。我们喜欢从高处跃下，想尝尝蚂蚁的味道，还有那么多事情要去尝试。每天都是一次冒险。世界是如此之大。我们好奇且无畏。

进入成年期，我们发现自己有些不一样。我们没有别人那么漂亮、高大、四肢发达又聪明，所以想尽办法融入各种圈子。我们中的一些人融进了圈子，一些人没能进去。后者就成了局外人。我们开始相信自己比别人差，于是试图用其他方式来弥补，而这就开启了与自己脱节的历程。我们开始发现自己的短板，这触发了一种从外向内而非从内向外的有害模式。我们开始将部分自我锁回希望橱[1]里，锁起的是曾经对自己骄傲的部分。为了讨人喜欢，我们刻意去削弱个性，淡化个人特点，刻

1　跟着嫁妆一起带来的大柜子，意指私人的储物箱。

意去摆出一副姿态。总之，我们开始低调隐藏，追求被认可和认同，在之后的很多年里乐此不疲。这些行为最终使我们变得面目模糊。

然后，我们开始谈恋爱，在爱情里感受到价值感和重要性。我们感觉自己是有吸引力的，终于被看见了，我们以为找到了自我。但实情却是，我们在别人身上迷失了自己。我们不得不面对现实世界里还有依赖、不健康的爱和心碎，一次又一次地反复着。最后，我们相信自己既有缺陷也不可爱，然后拿出糟糕的应对策略，制造出自毁的循环模式，从而导致更多的脱节，既不相信对方，也不相信自己。我们成了他人手里可拿捏的软泥，做任何事情都只是为了证明自己很重要，证明自己有价值，证明我们是值得被爱的。我们还通过购物来填补内在的空虚，并将个人指针锁定在"成就"之上。

随着我们在寻找目标和意义的过程中不断受挫，生活继续削弱我们，逐渐剥夺了我们的好奇心。来自他人的评判无处不在，世界的魔力正逐渐消退。我们看到了电影制作的幕后真实过程，不再向往星辰大海，而是打卡上班，去追逐所谓愿景，而这愿景其实只属于父母和社会，不属于我们。我们为此做出牺牲，为了他人把自己的需求和欲望放在一边，认为这就是成年人该有的样子。我们继续在关系中迷失自我（脱节），而不是与自己建立健康的关系（联结），甚至不知道一段健康的关系到底应该是什么样子的——毕竟我们从未经历过。所以我们容易陷入有害的、虐待的和失衡的关系，因为这关系里有让人感觉熟悉的地方，这关系所带来的痛苦曾让我们质疑生活。我们把痛苦和质疑深深埋藏，假装一切安好。

我们继续努力前行，去追求那些不真实的东西，落入创造相同经历和巩固相同信念的重复模式。生活变成一根巨大的撬棍，将我们从中劈成两半。我知道，这听起来有点过于戏剧化，但我们没有意识到这一切正在发生。外部世界里，生活就是生活，我们已经接受了生活的真相。那到底什么是快乐呢？拜托，真的有人快乐吗？那让我们继续分析下去。长时间工作，反复让步，照顾他人，沉迷手机，在感情里讨价还价，不与人交心。我们只顾向前走，而不是向内探索，人变得逐渐模糊起来，就像电影《回到未来》，当迈克尔·J.福克斯无法让父母一起回来的时候，人影渐渐消失。内心的天平逐渐失衡，内心世界变得紧缩。曾经的无垠海洋缩成了塑料游泳池，带着许多条裂缝。我们创造了囚禁自己的牢笼，在不同的日子里重复着同样的糟心事。

十年一梦，我们漂得太久太远，忘了自己是谁，想要什么。快乐在后视镜里逐渐消失，只剩下老化的眼睛和膝盖上的快餐包装纸。我们接受了周遭的一切，觉得已然尽善尽美，就用美食、药物、无意义的性来继续麻痹自己。

我们就这么远离自己，继续越漂越远。一个人越是与自己脱节，就越渴望与他人产生联结。

请再读一遍这句话。为什么许多人会陷入不温不火的关系里，遭受多年痛苦和心碎，这就是原因。明知有些关系不对劲，但因为不想孤单而勉强维持。或者我们以为感情中的问题是可以去修正的，因为修复感情也是发现自我价值的一种方法。但我们没法修正另一半。

我们在任何关系中都只能起一半作用，即使我们是完美的，只凭一半也无法解决问题。

通过谈恋爱来"解决"生活中的绝望和无聊，反倒是轻而易举的。但问题的根源发自内在——除非你解决了与真我之间的脱节问题，否则它会一直困扰你。完美的伴侣也无法掩盖这个问题的存在。你迟早得面对。

爬出分手泥沼

> 我从未感到如此孤独，我从未感到如此活着。
>
> ——心灵蒙蔽乐队

我仿佛置身于黑手党电影，脚踝被绑上水泥块，向水底不断下沉。那时我的婚姻正风雨飘摇。我从编剧转行去做治疗师，心里却还在打鼓，质疑自己是否做了正确的决定。部分原因是治疗师这个职业实在太不靠谱。当时我刚从治疗师学校毕业，在一个俄罗斯"治疗中心"做顾问，那个地方相当于老年人俱乐部，是个通过说服不会说英语的俄罗斯老年人买保险赚取佣金的地方。搞笑的是，我一点俄语都不懂，又能在那里做什么呢？我就每天审批文件和编写案例笔记。这些文件并不是胡编乱造，但它们难道就是真实的吗？我真的在做治疗还是每天在哄垂死的老人？情况变得如此糟糕，以至我宁愿把自己锁在厕所隔间里，除非有人找我才肯出去。我跟自己玩了个游戏，看看自己能否每次在隔间坚持得再久一些。即使这工作吸走了我的灵魂，我也不能辞职，因为它是我的出路。

我每天穿上笔挺的衬衫去上班，指望这份工资能挽救我的婚姻。

我从未在生活中感到如此孤独。记得有天我像往常一样躲在厕所隔间里，头靠在墙上眼神泛空，该死的情绪就这么崩溃了。泪水像河水一样涌出，没有表情没有出声。我只是坐在那里，面无表情。泪水是我活着的唯一证据。当我名字飘荡在广播里，"约翰·金，现在需要你过来一趟"，我想象着那是来自上帝的召唤。所以我回应了一句："如果我起身，请帮助我。"那是一个简短的祷告。我已经很长时间没有和上帝交谈了。可惜祷告落在了聋子的耳朵里，上帝没有回应。

我曾告诫自己千万不要再一次陷入糟糕工作的泥沼里。我以前干过最低工资的活儿，一度还穿着防护服上夜班剥离血浆。但那时十五岁的我对自己很满意。我和朋友们故意去找当时能找到的最糟糕的工种，只是为了证明我们可以，我们是"叛逆的"。我们是青少年，而和我们一起工作的男人们都三四十岁了。我记得他们当时看起来像鬼，一具具行走的躯壳，一群僵尸。我为他们感到难过，还发誓长大后永远不要变成他们那个样子。现在我也三十多岁了，就像他们那时那样。只不过没带柯克曼牌[1]午餐盒，而是随身带着《精神障碍诊断与统计手册（第五版）》。我完全不清楚自己到底是谁。全方位与自我脱节。几周后，我妻子提出分

1　柯克曼是开市客的自有品牌，以优质耐用、价格低著称。

居，分居很快演变成了离婚。这一切将我击垮了。

或者，至少我以为是这样。有些事情不会凭空将人击垮。真正击垮我们的，是我们脱离自我太久太远，而不是失去一份工作、朋友，哪怕是失去婚姻。这些都不是单一事件，击垮我们的是那种逐渐的偏离与漂远。多年来，我一直在咖啡店里写剧本，那就是我能做的全部。我没有生活，没有任何朋友，没有任何爱好，我只是单纯地醒来，拖拽着自己去咖啡店写作，整天都猛敲键盘直到太阳下山，日复一日。顺便说一下，其实我写稿动机不纯。假设我与电影编剧之间是恋爱关系，我其实很久以前就想分手了。我不再爱写电影剧本。我在追逐错误的东西，以为写剧本会让我变得富有和快乐。

当你拼事业，只是奔着结果而不是为了过程的愉悦，你就开始与自己脱节了。你开始追逐，变得绝望，忘记了初衷。但最重要的是，你不允许自己在得到想要的东西之前感到快乐。如果你想要的东西一直不来，你就永远没机会练习快乐。（是的，快乐是通过每日练习构建的。它不是开关，也不需要达到某种目的。）所以，我没有练习快乐，总是处于忧虑和恐惧之中，只看到半空着的杯子，仿佛天要塌了。这种心态让我陷入困境停滞不前，处于一种微妙的"战或逃"状态。当你的身体判定正在走向衰弱，又哪里还有心思享受生活？我变得越发空虚。

我们不是生来就会做事，也不是生来就知道如何去爱。我们的潜能和通往未来的道路取决于与自我的联结。正是通过联结，进而不断发展、成长、扩展成与自我的关系，我们才能以诚实、真实、有意义的方式去做事、爱人。

那时的我没有任何想法或计划，正在学习心理学，立志成为一名心理治疗师。但那根本不算什么。我很想帮助别人，但不意味着我能帮到自己，而帮助别人也许是不用去面对自己那个烂摊子的最佳逃避方法。我懵懵懂懂，毫无头绪。我还没接手过任何案例，若干次个人治疗会话和一些夫妻关系的咨询不算成果。硕士学位不算，阅读心理学书籍也不算，写关于自我提升的系列博客文章也不是，真正的成果往往来自经历一段心路历程，而不是单纯地吸收信息。这就是如今自我提升的症结所在。我当时不知道即将开始一段漫长旅程，这段旅程从厕所隔间里的哭泣开始，最终带我重新找回了自孩提时代以来就未感受过的自我意识。事实证明，上帝确实与我交谈了，不是通过语言，而是通过出现在我生活中的人和事。

杠铃与甜甜圈（我的身体）

离婚后，教会的朋友介绍我认识了一个亚洲人，他叫山姆，也是一位治疗师，三十多岁，正在经历离婚。他之前也从事娱乐业——广播新闻。他是那种典型的温和男生，连买包含糖麦片也要获得太太的允许。我们有很多共同之处。总之，我们一见如故，一起搬进了山姆朋友在韩国城的一间破旧公寓（租金特便宜）。那个地方被称为"心碎旅店"——住过的人都有一段伤心历史。

山姆是我第一个真正意义上的亚洲朋友。我成长于二十世纪八十年代洛杉矶一个庞大的白人社区。那时我们还不被叫作"亚洲人"而是"东方人"，就像东方的地毯，一点也不酷。如果你不酷，你就会挨揍，所以我尽可能地"变白"。他们以前叫我"星仔"。外面闪着黄色，但其实里面是白色的。山姆却在一个全是黑人的社区长大。我猜他更像个香蕉冰巧克力纸杯蛋糕。我其实想问："我是谁？来自哪里？"这样的困惑和拧巴，我俩都深深体会过。

山姆用一种奇怪的方式让我重新联结了自我。只要我愿意，用这种方法可以一直联结到内心深处。我们彼此理解。我想说我俩就像史塔斯基和哈奇[1]，但老实说，我们更像是亚洲男士版的拉薇儿和雪莉[2]。山姆绝对就是拉薇儿。我们俩超爱甜食，吃

1　《史塔斯基与哈奇》是二十世纪七十年代的美国电视剧，讲述两个加州警探通力合作办案的故事，两人的搭档形象成为七十年代末期的美国文化标志。
2　《拉薇儿与雪莉》是二十世纪八十年代的美国情景喜剧，讲述两位最好的朋友兼室友面对生活、梦想和挑战所发生的趣事。她们的友谊是该剧的核心。

了很多甜甜圈，弥补了之前婚姻岁月里不能吃甜甜圈的遗憾。我们俩的夜间常规活动之一是开车去好莱坞的"酸奶乐园"。(吃冰激凌的人常常会憎恶自己，所以我们选择吃冻酸奶。)在酸奶乐园旁边有一个地方，简直就是成年人的乐土。不，不是成人用品商店。那是一个健身房，有很多吊环、巨大的轮胎和体操环。这地方叫 CrossFit[1] 健身馆，这里提供一种全新的健身方式。

我小时候跳过霹雳舞。我会完全沉浸其中，放学后花几个小时用脑袋顶着地板旋转。我跳霹雳舞的时候一旦进入心流状态，就会忘记时间。这是我小时候最喜欢做的事。当我跳舞时，我与身体百分百联结，没有丝毫分离。我的身体和意识合二为一，让我感觉到自己是如此完整。之后我不得不长大，收起我的降落伞裤和粗大的鞋带。当然，我也慢慢地与身体断了联系。

从那以后，我常去健身房，只是为了外表美观，为了看上去更健壮。那时的健身与自我感受无关。健身只是为了能举起很多重量，这样我就可以穿上 T 恤衫炫耀胸肌。我从来不做腿部训练，不知道什么是蹲举。我看起来像只鸽子。山姆和我都想要腹肌。我们都单身，正在寻找伴侣。但这不是我沉迷于 CrossFit 的原因。第一次锻炼完我就感觉很不一样，健身让我又

1　CrossFit 是一项核心力量和适应性练习相结合的训练体系。

联结上了十一岁的自己。在练习暴力上杠、引体向上和倒立俯卧撑时，我释放了那个被自己长期锁起来的小孩，并与他握手言和。通过重拾锻炼，我重新感受到了肾上腺激素和多巴胺在体内的激烈分泌，这一切让我感觉到自己是如此真切地活着。

山姆和我每天都去 CrossFit 健身馆锻炼。这地方成了我们生活日常安排中的必要项，每周一次或三次，锻炼完就用甜甜圈奖励自己。但这回吃甜甜圈不再像之前是为了弥补遗憾、任性去吃，而是在付出辛劳后犒赏自己的。我们允许自己享受一些想要的、一些应得的东西，在婚姻中曾经被压抑一部分的自我如今正在重新得到联结。通过杠铃和甜甜圈，我又重新联结上了自己。

现在，回溯一下你那个版本的霹雳舞自由。你什么时候觉得身体最舒服，或者你有过最舒服的时候吗？从那时起发生了什么变化？是什么让你与自己的身体脱节？婚姻？孩子？一段不健康的关系？工作压力？

你今天如何与自己的身体建立联系，或者你这样想过吗？与你的身体重新联结会是什么样子？记住，它不必通过杠铃和负重训练来实现。那只是我的故事。它可以通过任何方式：瑜伽，冲浪，跳莎莎舞。无论是哪种，都能鼓励你开始与自己的身体建立一段新的关系，都会是一段持续成长和滋养的关系。

摩托车（我的精神）

在二十世纪八十年代，所有酷小孩都骑越野摩托。我真的很想要一辆，但我的父母认为太危险，所以给我买了一辆50cc的本田 Spree 小型摩托车。显然，他们认为一辆不需要戴头盔就能在公路上驰骋的塑料小摩托比只能在泥土上骑行且需要从头到脚全副武装的摩托车更安全。总之，我每天骑着那辆红色死亡陷阱在街区来来回回晃好几个小时。那是我做过最接近飞翔的事情，即便我跳霹雳舞做风车旋转动作时也没有感受过这种自由。骑本田小摩托带走了我所有的焦虑，也带走了我的孤独。当我骑它的时候，一切都被抛向了脑后。它给了我纯粹的快乐。它让查克（以前老师给我起的名字，因为老师们点名时发不出我的韩国名字 Chul-Ki）的精神得以释放并尽情玩耍。这辆小摩托车不仅是个玩具，它还给了我身份认同，定义了我是谁。之后我长大了，本田摩托车变成了本田思域[1]。我不得不收起十二岁时在两轮摩托车上的飞驰感受，内心的一小部分就这么消亡了。

结婚时，我也从未奢望能买辆摩托车。我妻子觉得这玩意儿太危险，我就盲目地听从。离婚后我做的第一件事就是买了

1　思域是本田旗下一款普通家用轿车。

一辆摩托车。黑色的杜卡迪野兽版 620 让我再次联结上十二岁的自己。我骑着那辆黑色敞露发动机的摩托车在韩国城到处逛，穿梭在马里布峡谷，开到海滩去，开到咖啡店与来访者会面。我骑着它，感觉自己就像蝙蝠侠。是摩托车将我从封闭状态中解放，也是摩托车将我又联结我的真理——查克的精神。对我而言，摩托车比税收、婚姻和所有应该做的事更重要，远比追逐对自己不诚实的事务重要得多。

从那以后，我陆续买了五辆摩托车。每次骑行，我都会与那个穿着短裤、脚踩凉鞋，满脸得意笑容在街区里穿梭的小屁孩精神相连。但是这事的重点不是摩托车，而是联结。我的摩托车只是一种媒介，是它让我与部分的自我重新联结上了。这部分自我曾经因为必须去"成长"而被锁起来。当生活让我麻木时，我的摩托车带给我全新的感受。

现在请花点时间问自己：你今天是如何与自己的精神世界联结的？你联结过吗？你上一次听从内在真实精神世界的指引并任由它自由舞动是什么时候？你这么做过吗？是什么扼杀了你的精神，让你选择了从未想要的职业道路？为什么你没有给自己更多的自我时间，反而回避那些有趣的、让你感到活着的事情？这对你来说影响大吗？

重新联结你的内心世界会是什么样子？不是说一定要骑哈雷摩托车。去选择你的"毒药"吧——更准确地说，其实是去选择你的"蜜糖"。我的一个来访者说他曾在水里遇见了上帝，所以他又开始冲浪了。其实重新联结自我的方式也可以不是某项运动，它可以是创造一个空间。我的另一个来访者完全按照自己的喜好重新设计了办公室，创造出一个创意空间，因为他的创造力就住在办公室里。他被公司荣升为首席执行官后，一度将那部分自我悄悄地锁了起来。

我还有一个来访者说，她感觉自己在高中时最充满活力，那时的她穿着马丁靴，背包里揣着鼓棒。她甚至不会打鼓。她只是带着鼓棒，因为她喜欢，所以不在乎别人怎么想。现在需要她与真实的内在相连，并不意味着她每天去公司上班时都要把鼓棒绑在苹果笔记本电脑上。当然，这样也可以，但对她来说，她更需要的，是去回忆并体会那个背着鼓棒且无畏的高中女孩的真实感受，释放出那股精气神，用真诚的态度慰藉今天的自己。于是她开始按照自己的节奏、自己内心的鼓点节拍去生活，减少关注他人的想法，不再参与八卦。同事们注意到她变了。他们也想拥有她所呈现出来的那种全新的节奏感，亦即掌控生活的方式。

那种能允许你内在闪耀的东西，可以是任何一种让你重新与自己建立联结的方式，它让你觉得自己真切地活着，像个真正的人。

写作（我的灵魂）

我以前讨厌学校。我没有去南加州大学[1]，因为我没有申请，而之所以没申请是因为我知道不会被录取。我是 C 等生，SAT 成绩低到副校长把我叫进办公室，问我："家里一切都好吗？"（我寻思如果我不是亚洲人，他还会不会问我。）总之呢，谈到成绩和教育我就觉得自己像个白痴。我就是那个在科学课上总是望向窗外的孩子，幻想自己在凌空飞翔，也幻想与女老师上床。我曾是个梦想家，现在也是。

我获得了电影学位，因为我超爱电影。大多数梦想家都是这样的。选择编剧专业不是因为我想成为编剧，而是因为和电影有关的专业不外乎电影制作、电影理论和编剧这三样，而编剧似乎是这里面最容易的。我从来不想成为编剧，我只是想毕业。

放弃编剧这个职业之后，我告诉自己，我再也不想写作了。我埋葬了那部分的自我。之后很多年，我唯一写下来的东西只是案例笔记而已。我怀念将文字变成生活的日子，就像是在纸上作画。然后有一天，我决定开始写博客。当时我正处于人生低谷，只是单纯地想要表达自己，只为自己而写，不为任何人。

1　该校编剧专业在全美名列前茅。——译注

41

写博客与写剧本完全不同，我写作不再是为了把它们卖出去。因为没有压力，我很享受这个过程。这让写作变得纯粹，我慢慢地重新爱上了写作。从那以后，我写了超过五千篇博客文章和三本书（包括这本）。

我以为那部分的自我被埋葬了，因为我在写作方面"失败"了。但写作其实从未远离我，从未消亡。一旦我开始再次敲击键盘，就能强烈地意识到写作是我灵魂的一部分。它在我的DNA里，我写作时能感受到自由。如果我忽略这个感受，就等于忽略自我认知的核心部分，忽略了真相。我需要身处黑暗——和我自己，也只能是和我自己一起——才能重新与写作建立联结。

我曾有个沮丧又迷茫的来访者，她五十多岁。从前期的书面调查看，她的生活没有任何问题，她只是感到平淡。我问她什么时候感觉最有活力。她说是在高中时，那时她顶着红色的摇滚发型，弹奏电吉他。（显然，如果你是一个有摇滚过往的女性，我就是你要找的治疗师。）她感觉自己无可匹敌，对周遭毫不在意。她喜欢自己。我给她留的课程作业是去买一把吉他。不必重新开始弹奏，我只是想让她拿起一把吉他，感受一下那种感觉。所以她出去买了一把电吉他。不，她并没有加入任何乐队或重新开始每天弹吉他，只是偶尔弹一弹，但这产生了效果。它激发了一种火花，一种感觉，这感觉提醒了她过去真正的自我是什么样子。

我们一起讨论了这一点。我让她描述这种感觉。她说，吉他让她"被听见、无敌又不羁"，那感觉就像她本来应该在教室里上课，却偏要游荡在空无一人的走道里。我又问：你在生活的哪些方面没有"被听见、无敌又不羁"？她说她生活的所有领域都是如此。那么接下来，更重要的就是如何赋予自己这种感觉。她需要做些什么来实现呢？她需要在工作中勇于发声，在关系中敢于说出她想要的，停止对朋友过度付出。因此，我就要求她对朋友有限度地付出，甚至可以去找新朋友，远离无度索取的老友。

当然，要做到这些并不容易。但她迈出了一小步，开始将这些改变融入她的生活，慢慢感到"被听见、无敌又不羁"。在工作团队里有人刁难她，因为他们不习惯她敢于开口表达个人意见，但她老板发现了这股新能量并很欣赏。在专业的夫妻关系咨询中表达自己真正想要什么，是她以前一直想却不敢提出的事情。她失去了一些朋友，因为他们不习惯她新展露的这一面，说自从她变得"放松到不行，什么都不在乎"之后就像换了个人。真相是，她的朋友们没有站在一个能够改变并成长的角度看待她，所以他们消失了，而她能接受。

这是她回归自我旅程的开始。指向北方的那个指针并非一条直线，它是曲折的，就像每一趟旅程。她找到了动力，然后又回到原点，转了几个圈。重要的是她已踏上旅程。如果没有旅程，你就无法带着自己书写的新篇章回到已经被自己改变了的村庄。记住，人生的篇章必须由自己书写，不可假手他人。

就像我说过的，重新联结你自己不仅仅是重温你曾经喜爱的活动，不只关乎霹雳舞、骑摩托车或拿起吉他。它关乎找回你曾经喜欢的那部分自己，并重新联结那时的内在世界。联结自我也可以是某种活动，就像一艘船载着你去和自我相会。**凡能引导出你过往美好感受的，请允许这感觉向外扩散，而无须在意它看起来究竟怎样。**要在所有生活现实发生之前，在你不得不照顾父母之前，在那段不健康的关系之前，在孩子出生之前，在令人消耗能量的工作出现之前，在世界还显得广阔而开放并等着你去冒险时，去联结自己。

◆◇◇ **自测** ◇◇◆

　　爱自己比喜欢自己更容易。你可以隐藏在"爱自己"的背后，但你无法隐藏在"喜欢自己"的背后。爱自己可能只是你勾选的一个选项，而喜欢自己则需要一趟旅程来实现。

　　问问自己：你喜欢自己吗？不是说喜欢你的鼻子

或者屁股。你喜欢内心深处的那个人吗？如果不喜欢，你是否与自己的身体、精神和灵魂失去了联系？如果是，是以什么方式失去联系的？为什么会这样？需要开启内心哪些被锁起的部分来实现与自我的重建联结吗？也或许这是你第一次与自我联结？

　　不要问自己什么时候最快乐。这个问题实在太宽泛了。"快乐"只是保险杠贴纸上的口号而已。问自己，你什么时候最有活着的感觉。是某个时刻、某一年还是生命中的某个阶段？当时发生了什么让你有此感觉？我在跳霹雳舞的时候最有活力，骑我那辆小小的红色 50cc 摩托车时最有活力，那你呢？也许这感觉不是发生在你童年时，也许就在几年前。记住那种感觉。做什么能让你再次产生那种感觉？

　　再强调一次，我说的不是重复一项活动。它可能是一种心态或意图，去找到能产生同样感觉的事物，这样你就可以再次与自己的内在相连。因为当我们感觉活着的时刻，我们正与自我和内在精神相连。当我们感觉如同行尸走肉，我们就没有联结。要滋养你的内在精神，你必须先找到它。

这星期你能做些什么尝试来试图联结自己？在工作中？在感情关系中？与你的身体的关系中？不要只是把想法写下来，写下你能做到的行为并去执行它。开启这个喜欢自己的旅程吧。

自我关怀是你的首次约会

    我曾为一个非营利性住宅项目工作，给正在康复中的上瘾青少年提供咨询。这是一份有意义的工作，只不过工作时间过长，薪水也微薄。有天下班后，我开车去了海滩。这对我来说有点不同寻常，因为我那时的生活主题和重建有关，它围绕着结构、日常规律和必须按时完成的任务而展开。我有很多案例笔记要赶着写完，同时负责一个家庭支援项目，但 CrossFit 课程在半小时内就要开始了。我正遵循一个严格的训练计划来重塑身体，与此同时也奔赴在即将可以拿咨询师执照的路上，绝不能浪费任何时间。但在那天，某种东西劫持了我。我一个人坐在沙滩上看日落，那是一个普通的周二，有个声音在耳畔说道："你他妈到底在干什么，你这白痴！真是个半途而废的蠢货，你从来没有把哪件事好好做完！你想一辈子都穷困潦倒，一辈子在非营利机构工作吗？"

    我猛地站了起来，迅速将毛巾塞进背包开始奔跑。是的，奔跑。我猜想这是可以停止那个声音的办法。我紧握着背包带沿着海岸线拼命奔跑，iPod 里播放着 *Semi Charmed Life*（《半迷人生活》）——嘿，这是很多年前的事了！"我想要别的东西。带我度过这种半迷人的生活……"这首歌让我想起啤酒、烟斗、被人欺负的经历，还有地震（二十世纪九十年代我在加州北岭上大学）。我不停地跑啊跑，一边跑，一边在等自己累了可以停下。但我没有，当时的我看起来大概就像一个韩国版的阿甘。

一个小女孩追逐着海鸥，我们眼神相遇时她笑了。当海浪扑向沙滩，朝我涌来，我没有绕过它，反而像士兵一样蹚过浪花。人们盯着我看。我才不在乎呢。我望向远处站在冲浪板上的冲浪者们，多希望自己会冲浪啊。孩子们互相扔沙子，一对情侣手牵手走过来，这触动了我内心的某个地方——孤独感。我意识到自己为什么不想回家了。

我在那里待了整整一天。然后在码头餐厅请自己吃了一顿昂贵晚餐，思考着我喜欢什么，不喜欢什么，想着自我的好多部分曾想要被探索。我思考着哪些是自己曾想要去做的事情，还有哪些事情从未想到过。我冲着几分钟前在海滩上跑步的自己放声大笑，在心里去拥抱安慰那个没去工作的自己，拍拍他的背。你可以这么说，这是我和自己第一次真正的约会。

好吧，逃离工作跑到沙滩上撒野是一种自我关怀的方式吗？如果这样做能更好地了解自己，与自己建立更健康的关系并照顾好自己，那当然是的。但我在沙滩上疯跑的原因并不只是这些。我当时工作非常高效，也通过健身塑造了良好的外在形象。但我忽视了自己的情感需求，在精神层面被耗尽了。我其实没有真的善待自己。我特别需要被一键重启，再被一键清理，需要脚趾间感受细沙的摩挲，也需要风在我脊背上的抚触，还需要一顿我原来如此需要的豪华海鲜晚餐。至少那一天是这样。跑步时，我无意中停止了自责，在行动中善待了自己。你可以管这个叫"自我关怀"，也可以称之为"与自己约会"，或是"就做个混蛋"（在男更衣室学到的那些用词）。随便你怎么定义它。简而言之，我正在与自己建立关系。生命中第一次，我不再逃避。

自我关怀已经成为一个随处可见的通用词，在社交媒体、书籍、博客、表情包上都能看到。人们穿着印有这些字样的 T 恤衫，却不去实践它。自我关怀很少出现在待办事项表的最上方，对男性来说尤其如此。我们男人不需要这种胡扯。就跟修脚、按摩一样，自我关怀被认为是额外的。这种观念下涌动着的是某种默认设置——男性不需要自我关怀，否则就意味着我们脆弱。

首先，让我们重新审视一下自我关怀以及它在日常生活中的真实状况，而不是在理论层面空泛地讨论。要理解自我关怀与自爱之间的区别。前者可以成为通往后者的途径，即使你离爱自己还很远。所以别再告诉自己要爱自己了，这是个让人不堪重负的要求。它背后有压力，如果你在这方面挣扎，它会让你感到自己是有缺陷的。事实上，我们都在挣扎，因为我们不知道如何去爱自己。这不是我们经常能练习的事情。是的，我们擅长爱别人。但我们很少练习爱自己，也从不把这件事放在优先位置。

所以，爱自己要从小事做起。计划与自己的第一次约会，看看会发生什么。

听我说，约会不必是吃晚餐和看电影。另一种极端是远赴巴厘岛旅行。这想法听起来激动人心，但还是流于表面，未触及问题核心。和自己约会可以是散步或一次锻炼，可以是一个星期六下午坐在砖墙上喝杯咖啡。究竟是什么样的活动并不重要，重要的是联结。你是否与自己建立了联系？是否倾听自己与自己相处时的不适，还是全程都在用手机，头脑里不断在想那些待办事项，或在寻思为什么还没遇到合适的人？就像给别人百分之百的注意力一样，对待自己也要如此。

大多数人做不到这一点。因为他们真的没有与自己约会过，他们只是独自做了很多事情而已。这两者之间有很大的区别。就像"做爱"和"与不认识或不喜欢的人上床"之间的区别那么大。虽然动作是一样的，但前者让你与自己建立联系并增强自尊，后者则会断开与自己的联结，并剥夺自尊。

自我关怀不只是给自己安排泡泡浴或犒赏自己精美的早午

餐。自我关怀需要你像对待爱人那样每天每时每刻地照顾好自己，意味着去打破"永远把自己放在最后"的固有模式。它意味着不承担一切，不过度使用自己。当蜡烛两头燃烧时，及时吹灭它。自我关怀意味着能对事情说"不"，做事的同时也需要考虑自己的需求。这么做并非凌驾于他人之上，而是与他人一起，然后再满足这些需求。

我明白这么做很难。你会感到自私和内疚，不习惯这样。你从小被教育需要时时去照顾他人，而不是照顾自己。我并没有说，有一天你醒来突然决定开始实践自我关怀，然后就会爱上自己。是的，自我关怀的确由一个决定开始，由成千上万个小行动和无数个照顾自己的小时刻组成，你要意识到自己是重要的。如果你想成为一个更好的父亲、兄弟、丈夫、妻子、老师、艺术家、运动员、作家或 CEO，就有责任照顾好自己。自我关怀是一种生活方式，不是一串清单或一件 T 恤衫。

"自我关怀"能塑造出更好的你，让你在自己的土壤上成长。它不只适用于有空闲时间的人。因为这词被涂上糖衣，贴在各种表情包上，所以会让我们有点反感。就像有一部电影，人人都建议我去看，但听别人说了太多遍之后，我反而不想去看了。所以现在，忘掉"自我关怀"或"爱自己"这些词。想一想什么状态是属于与自我建立联结，什么状态是与自我断联。如果用行动、语言、思想和意图更好地对待自己，给自己提供所需要的东西，与自我建立更好的关系——实践自我关怀，那你就是在与自我建立联结。如果你没有这样做，你就是在与自己断开联系。当你建立起联结，人的潜力就会增长，反之潜力就会下降。就这么简单。自我关怀等于与自我建立联结，没有自我关怀就等于与自我断开联系。

忘掉爱自己这回事。以下这些问题能帮助你开启这个过程：**最近你与自己的关系如何？你喜欢自己吗？如果不喜欢，为什么呢？发生了什么事？你需要放下或接受什么吗？你需要为了什么事而原谅自己吗？你需要切断将你所做的事与你的价值感联系在一起的那个结吗？你在诚实地回答吗？**

一旦进入真正喜欢自己的状态，你的生活会有哪些变化？你的变化会如何影响周围人，如何影响你的爱人？请允许我再问些其他方面的问题。真正喜欢一个你很喜欢的人需要什么？需要时间，对吧。所以你必须花时间先了解对方。你最近花时间去了解自己了吗，还是在生活中一旦有事发生就停止自我关怀？重新了解你自己，一切会有何不同？

因为喜欢自己是需要花费时间的。你会一步步去做的。那么爱呢？爱是一种选择。你希望别人怎样爱你？归根结底，爱一个人意味着尊重他，善待他，倾听对方的心声，聆听他们的人生故事，赞同对方的立场。同意吗？重要的不仅是行动，还有语言，二者携手并进。如果有人对你很好，但说话很粗鲁，那不是爱。又或者，如果有人用爱和善意与你说话，但对待你的方式很糟糕，那也不是爱。归根结底，行动和语言应该是一致的。这就是你如何去爱他人的方式。否则就不是爱。如果不是出于爱，就无法建立健康的关系。这听起来熟悉吗？

你能以期望他人爱你的方式去爱自己吗？也像你爱别人那样去爱自己吗？你可能还没有足够地练习。如果这不是一天中你有意识去练习或者思考的事，那么，是时候开始了。

记住，自我关怀不是一种应对方式。它是一种联结的方法，能联结到你自己。

让我们详细分析一下：

通过自我关怀与自己建立联结，可以是偶尔犒赏自己吃个甜甜圈，或者星期五晚上早点下班回家。可以是在与朋友、家人、同事之间画下健康的边界，在工作中敢于发声，骑摩托车代替开车。也可以是坦然接受心理治疗，招个保姆看孩子，趁这个间隙去涂涂抹抹 —— 不是在房子上涂抹油漆，而是在画布上绘画，满足你长期被忽略的创造性需求，这需求也是你内心长久被忽略的部分。

自我关怀可以告诉自己你很重要，认可自己一路走来成就了今天的你。犯错的时候不要总是自责，练习自我同情和宽恕，顺便说一下，这是个需要日日重复的决策。对自己宽容些，给自己留些空间。自我关怀是通过倾听自己内心的声音，为自己提供所需和应得之物，从而与自己建立更好的关系。

　　每一段关系都需要你向内审视，了解感受的来源和原因，掌握主动权，改变固有模式。了解你"路面"裂缝的来源。关系是一个逐渐发现的过程。你与自己的关系是需要每天去实践的，就像任何其他关系那样，有时顺风顺水，有时又不可理喻。这时自我同情就出场了。你必须学会对自己慈悲，就像你在爱人处于低谷时所展示的包容那样。你必须像对待伴侣那样对待自己，看清何时在躲避，何时对自己不诚恳。这就是与自己建立关系的大致模样。

◆◇◇ 自测 ◇◇◆

　　你是如何对待你爱的人，如何与之交谈的？

　　对于我生活中爱的人，我的朋友、家人和伴侣，我用尊重对待他们。我努力为他们提供一个倾诉的安全空间。我珍视他们的故事。我接受他们，也接受他们的缺点。我实践同理心和同情心，考虑他们的整个经历，尽量不去评判。我支持，我接受，鼓励他们的梦想。我理解，用最大的善意和诚恳与他们交谈。我不诋毁他们的人格。我倾听，给他们正向的怀疑。我希望他们得到最好的。

现在回过头再来谈我对自己的态度。我是否以同样的态度对待自己并与自己交谈呢？当然不是。我对自己要严格得多。我不可能用我与自己交谈的方式对待其他人。我会贬低自己，给自己施加不必要的压力。我对自己的要求远高于对待其他人。我吃垃圾食物，然后又为吃了这些而感到羞愧。我没有像对待爱人那样去对待自己，和自己交谈。

现在请你自问：为什么不用对待他人的方式去善待自己？你与自己当下的关系如何？在行动层面你如何对待自己？在对话层面你如何与自己交谈？你是否在贬低自己？你是否在扼杀自己的个性，感觉自己又胖又愚蠢、懒惰？"你与自己交谈的方式"实际上比"你对待自己的方式"更重要。因为你"与自己交谈的方式"将决定"你如何对待自己"，"言语转化为行动"比"行动转化为言语"更多见。

所有那些你没有支持自己、没有像对待爱人那样与自己交谈的方式，都是你需要努力改善的。

泵动生活的引擎

　　让我们把你与自己间的关系分解成三个类别：身体、心灵和灵魂。要与自己建立更好的关系，首先要滋养和连接这三个领域。想象你的心灵、身体和灵魂是引擎的活塞。它们需要一起运作，引擎才能启动起来。如果其中任何一个活塞无法工作，整个引擎就会卡住。如果活塞们都得到了所需要的东西，引擎就会一直运作。如果坚持足够长的时间，事情就会有所改变，你将真正成为一个润滑的运行良好的机器。你将开始喜欢自己。

　　让我们来逐项确认。

你是如何对待你的身体的？

　　你的身体不是庙宇。别把它看得那么珍贵和脆弱，它是可塑、可调整和可伸展的。我们的身体始终在新陈代谢，旧细胞被淘汰是为了重新生长出更强壮的新细胞。我们本就应该每天都运动——每，一，天。（极力提倡在休息日去认真倾听身体发出的信号，要知道自己身体的极限在哪里，什么情况下需要适可而止。但我还是优先强调运动的重要性，因为大多数人实在是运动得不够。）

我们不仅没有督促自己去运动，还会找借口，从而变得懒惰。直到有一天在镜子里不经意地看到自己，才突然意识到真的需要做些什么了。又或者在一次没有激情的性生活之后瘫倒在床，意识到自己与身体的不健康关系不仅影响了生活，还影响了伴侣的生活和彼此的亲密关系。这时我们会画下一条记号线，以此为起点开始极端地节食和排毒，采取严格的体育锻炼，严格到足以让我们恶狠狠地诅咒自己，抱怨当初为何要出生。不这么做似乎不行。当我们不得不去做的时候，又往往不能坚持下去。我们不停地用创可贴去解决表面问题，而不是寻求真正的愈合、成长和转变。

其实呢，你所需要的并非激励自己去锻炼或遵循完美的节食方法，而是要与你的身体建立更好的关系。我们平时不怎么照顾自己的身体，因为我们与身体的关系不好。我们没有珍视身体是个"奇迹般的机器"，相反，我们有时甚至将身体推开，拒绝它，与它脱节。还有另一种极端的情况是，只从性吸引力的角度去看待身体。我们用背部、臀部和腿的形状来衡量自己的价值。

以上两种情况都会造成与自己脱节。这就是为什么你与身体的关系是最重要的。与身体建立起健康的关系能带给你平衡感，允许你做自己。你与身体的关系并不取决于外表，因此，当你认为自己不够好时就不会陷入羞耻之中。你不会感到被迫去锻炼和健康饮食。定期锻炼和良好的营养是你与自己建立的健康关系的副产品，你不会经历体重的反复无常，而是与自己的身体保持一种可持续且稳定的关系。

★ 行动指南 ★

现在是时候专注于与你的身体建立更好的关系了。那么，如何让善待身体成为日常的生活方式，而不是每日挣扎呢？

第一步：接纳你的身体

一切都始于接纳。这适用于生活中的一切方面，包括你与身体的关系。无论你处于何种状态，都是你目前的状态。这不意味着你不想改变。你的身体是你的身体，你得接受它是属于你的，不再拒绝它，不再讨厌它，不再希望拥有别人的身体。

每个人都对自己的身体有不满意的地方。如果有人说没有，那他要么在撒谎，要么就从未接触过广告。我有很多的不满意。我希望自己再高几英寸，希望能摆脱腰间的赘肉。我的腿太短，手腕太细，鼻子太宽，如此种种，不一而足。但我已经接纳了我的身体，它是我的，我可以与之共处，有些部分我可以去改变，我可以塑造一个更好的、更强壮的身体，但前提是我要先接受它。一切都从这里开始。

第二步：融入你的身体

密切关注，感受并存在于你的身体之中。

大多数人将身体看作自己以外的东西，尤其是女性，所以让我们首先从女性开始谈起。作为女性，你在很小的时候就知道你的身体具有某种额外价值。当你将自己的身体与发育更快的女孩相比，会认为自己是否有什么问题。你发现发育更快的女孩能轻易得到关注，而你不会。你认为自己不如她们。另一种情况是，你发育得太快，你特别不喜欢得到那些关注，你想要将身体掩盖起来。你隐藏它，你讨厌它，因为它吸引了你不想要的或还没准备好的关注。更不用说外界持续的压力，这压力来自杂志、广告和不懂体贴的伴侣，这些人与物都会有意无意地向你灌输什么是美丽的标准。这也基于他们的"偏好"，这些偏好实际上是媒体、杂志、色情片，所有那些他们看过的信息传达的扭曲理解。无论你走到哪里，看到什么，这种压力都会以固有的方式砸向你。你永远无法满足那些不切实际的期望。也难怪如此多的女性患有身体变形恐惧症[1]和饮食失调症。在人类的世界里，太容易觉得自己长得好丑。

面对这些压力，你将身体视为一种物体，是自我以外的某种东西。身体的存在仿佛只是为了引起关注——不是积极的关注，就是消极的关注。所以你很警觉，设置了自我保护模式，环顾四周，在意你所处的空间并始终留意个人边界是否被触及。你总是回避

1　身体变形恐惧症（Body Dysmorphic Disorder, BDD），一种强迫症谱系中的精神障碍。该症的患者过度关注自己的外表，更容易无限放大微小的缺陷。

不适当的目光，或微妙或显著地处于战斗或逃避状态。这都阻止了你与身体的联结。你的身体不再是朋友，它成了敌人。

男性也会通过身体来定义自己。这始于对超级英雄的崇拜，这种意识形态跟着我们进入男性更衣室，又去到橄榄球场、篮球场和棒球馆。如果我们没有肌肉，就会被看作软弱的。如果没体力，就得有体能。众所周知，男孩在滑滑板、冲浪、投掷、抓举时更容易得到关注。如果我们没有这种能力，我们就是最后一个被挑选的，于是我们将自己所缺乏的体能内化，觉得自己不如他人。

当然，我们不会像女性那样受到社会和广告的压力，但我们的压力实实在在来自和其他男性的对比，还有色情片。我们将这些图像和期望内化到精神世界，阴茎的大小、性能力、身体类型。以前的色情明星是那种微胖的胡子男，现在的色情片男主角看起来像天赋异常的橄榄球四分卫。这种洗脑渗透到了我们的自我价值观之中，自然也渗透到我们的情感世界里，伤害了最在乎的人。那不妨让我们绕到旁边来换个角度看，这种情况在现实生活中是什么样子的。

融入你的身体是成为一个完整的人的过程，意味着你以实际行动接纳了自己。如果你不融入自己的身体，你就无法真正了解自己。答案在身体里，不在头脑里。

作为每天的练习，留意一下每天早晨当你光着脚触碰地板时的感觉。站立时感受身体的重量、骨头关节处的咔嗒声、你脊椎的力量。洗澡时留意身体对冷水或温水的反应。你的呼吸。当你将关注力放到自己的身体上，身体的感觉是怎样的——那种紧绷感或放松感。

感受温热咖啡流经喉咙的瞬间，身体会有怎样的感觉。记住手握紧方向盘的感觉。当你听音乐或播客时，注意你身体会有怎样的感觉。当有人插队，你的身体会有怎样的感觉。堵在交通高峰的路上，你坐在车里会有怎样的思绪从脑海飘出。更重要的是，每个想法让你的身体有什么特别的感觉。

一天中当你与不同的人交往的时候，记得留意身体的感觉。谁会让你紧张，为什么会这样。谁会让你感到平静，为什么如此。注意他人的能量，你的身体是如何感受到它的。注意你自己的能量，当你笑时发生了什么，令你脸上的线条变化。注意当你感到压力时，下午的疲劳来临时，发生了什么，令你的眉头变得沉重。享用午餐时留意食物在舌尖留下的味道。留意自己吃饭的速度，以及吃饭快慢让身体有怎样不同的感觉。注意胃的胀气，或者胃排除胀气后的轻松感。注意在某些对话中你的身体会作何反应。

在你骑自行车的时候，做伏地挺身的时候，练瑜伽做下犬式的时候，都要去留意身体有什么样的感觉，感受你的腿、你的手臂、你的关节，以及你背部的伸展。关注当你刚开始出汗时，身体是如何发出信号的，当呼吸越来越困难时身体又是怎样的感受。记得留意身体哪里紧绷了，哪里感觉良好。注意每次健身后身体的反应，你脖子散发出的热量。注意你走路的样子。你是否显得更高了？你的身体是否轻盈了一些？你是否感觉更强壮？

大家真的会这样做吗？当然不会。因为我们总是在思考。谁有时间去留意身体每天每时每刻的感觉呢？然而，如果你不开始在这件事上下功夫，就会总是处于脱节状态。只聚焦头脑思考带来的感受，完全依靠逻辑，这会阻止你活在当下。你的此时此刻才是生命所在，经由身体方能到达，而不是经由你的头脑。**你不能靠思考活着，你只能通过感受活着。**你必须将你的默认设置从思考模式转为存在模式，并以此作为每天的必要练习。起初可能会感到尴尬，因为你不习惯这么做。你正在努力改变多年来形成的思维方式，而只有通过练习它才会变得更容易实现。

　　如果不融入自己的身体，你就无法得知它试图告诉你的讯息。当你知道自己做了一个错误决定时，你无法与身体的感觉同步。你想要或不想要的东西，这是一种在整个旅途中指引你的雷达，它是你的直觉、灵魂和真理所在之处。如果你不融入自己的身体去接受它、倾听它、感受它，你将无法了解自己，无法喜欢自己，无法做出对自己真诚的决定。你将成为一个行走的空壳。

第三步：随身体一起律动

　　通过接纳自己的身体、融入其中、认真倾听来自身体的感受，你建立了与身体之间的健康关系。但这仅仅是开始。与身体建立起关系还包括，你需要与它一起运动，伸展它，探索它以往的能力值。这个过程会激发出信心和全新的信念，使你明白未来能做什么。你可能会说，看吧，安娜的身体运动了，量还很大。的确，但她是与身体一起运动，还只是运动了身体？这两者的区别很大。只有一种方式能导向自我联结。

　　运动身体和"与身体一起运动"之间到底有什么区别呢？这里指的是要去做身体喜欢和需要的事情。不仅是因为运动很流行或你只想裸体看起来更健美。这可能意味着去改变健身方式和饮食习惯，而做什么、吃什么取决于你的身体想要什么，需要什么。只有你自己知道你与身体的关系，所以你必须真正诚实地面对自己。

　　还有，身体的运动不仅指在屋外的运动，还包括卧室里的床上运动。性生活时，你只是简单地在运动身体，还是为了另一半而做？你做爱的时候身心合一吗？做爱是为了自己。性生活是机械化的、千篇一律的吗？你的动作和高中时期一样充满激情吗？你是用对方喜欢的方式去对待他或她，还是用你更享受的方式在做？你只是在机械性地做爱，还是在倾听身体的需求、感受欲望，在聆听到身体原始的渴望后去满足那些需求和欲望？这不仅仅关系到能否获得更好的性爱，还关系到更好的联结。首先，要联结自己，然后才能更好地联结上另一半。

　　对我来说，小时候能令我身心合一的运动就是霹雳舞和滑滑板。后来到了二十多岁的时候，我花很多时间在健身房待着，只是为了外表的美观。我与身体完全脱节，只是想看起来更健美。之后我在三十多岁经历重生的阶段，发现了 CrossFit 并为之痴迷，生命中第一次感应到身心合一的运动。它让我感到自己如此真切地活着，直接将我穿越回那个每天放学后用头倒立不停旋转的十二岁的少年。我进行 CrossFit 锻炼将近十年时间，一开始是身心合一的状态，但十年后只有我的身体还在运动。我的身体渴望新的不同的尝试，但我没有倾听它，直到最近。现在我仍然在进行 CrossFit，只是减少到每周一到两次。我还参

加短跑课程，偶尔练习瑜伽，或徒步旅行，做力量训练，有时
会游泳，几乎每天骑摩托车，我认为这是能让我身心合一的方
式，它们让我与自己建立联系。

具体参与什么样的活动并不重要，重要的是通过运动聆听
身体发出的信号，与身体建立联系。你要享受运动的过程。如
果不喜欢，就无法建立联系。你只是在经历这件事情而已。老
话说，你必须挑战自己。为了探索而探索，你必须超越不适感
去尝试新事物。你不能一辈子吃同样的东西并期望从中找到乐
趣，那叫舒适，即使舒适也可能会让人感觉空虚。乐趣存在于
波涛之外，需要你去发现和探索，所以你必须游到那里。正是
这趟游泳让你发现了新的联结，并与你的身体建立全新的关系。
你会相信自己可以做不一样的事情，你竟然擅长连自己也不知
道的事情。这将改变你的信念，增强自尊，最重要的是，将你
重新与自我联结。

通过接纳、融入和与之共舞，你就与自己的身体建立起了
更健康的关系。这不是那种一次性的关系，而是一种生活方式。

案例：取下手镯的神奇女侠

安娜是一位杰出的运动员。她参加过 CrossFit 比赛、斯巴

达赛跑、三项全能比赛，她的身体就像一台强大到令人发指的机器。她也是一位母亲、妻子和 CrossFit 健身房的老板，她建立了一个了不起的社区。每个人都将她视为神奇女侠。她工作努力、谦逊，还经常回馈社区。

她作为我所说的"一次性"来访者找到我。这意味着他们只想要一次咨询，也可以说在这种情况下，就做一次"调整"。她说她的生活没有问题，只是想确保自己心理健康，因为即将到来的 CrossFit 公开赛——一年一度的全球健身比赛，她想确保自己的头脑清醒。

当我们开始谈论她的生活时，她崩溃了，承认自己不快乐。我的意思是，前期的书面调查显示各方面都很好，她的生活中没有什么"漏洞"需要修补，她与丈夫的关系很稳固，她的女儿"正在成为一个美丽的人类"。她热爱工作，有很好的朋友，没有什么不对。但她感到空虚，不明白为什么会这样。我们之间经过许多次会话，其实没有来访者真的能做到只咨询一次就能解决问题，她意识到自己与身体完全脱节了。

人们认为，没有比运动员更懂得如何与自己的身体相连的人群了。我一开始也是这么想的，但事实并非如此。她将自己的身体视为一台机器，一种排除在自我以外的东西。身体被当作一种工具、一种载体，是专门用来完成任务的。当身体被当成自我以外另一个独立的容器，这就导致身体无法与自我融合，两者脱节，毫无一体感。安娜从不倾听自己的身体，认为身体自会听命于她。是的，从人体性能的角度，这关系可以产生惊人的健身效果。但从身心合一的角度看，这会导致身体与自我之间的有害关系。

这种身心分离始于她高中时期。必须强调，她不是田径队的全能明星，也不是游泳队的队长。她压根儿就不参加任何体育运动，她实际上体重不达标，曾经患上饮食失调症。安娜的原生家庭非常糟糕，食物是她唯一能掌控的东西。随着她逐年长大，情况完全反转了，从一开始的饿着自己变成了过度锻炼自己。从外表看她似乎克服了饮食失调，成了一名了不起的运动员。她自己也相信这点，但通过我们的交谈才意识到自己的内在过程并没有改变。她内心仍然极度挣扎，无法准确表达感受，有着非黑即白的思维，偶尔表现出极端行为，这些都还是她高中阶段内心翻腾的东西。这就是她不快乐的根源。

她决定不参加那年的 CrossFit 公开赛。神奇女侠竟然摘下了她的神奇手镯，这是她做过的最困难的决定之一。这不仅仅是关于比赛。她感觉自己让整个社区失望了，也放弃了一直以来的自我认知。但如果她对自己不诚实，她就会是个骗子。

之后她开始与自己的身体建立起全新的关系，也是她一生中第一次真正融入其中。她开始倾听身体的声音，而不是告诉它该做什么。她人生中第一次感受到自己身体的感觉，并允许自己清楚地表达出来。对抗大脑中早已制订好的固有模式是非常困难的，她像接受训练一样认真对待这个过程，只不过这次接受的是情感训练，而不是身体训练。

　　她向社区成员和丈夫坦白了这一切。他们都很支持她。更多与身体建立联系，就能更大程度地接纳，这使得两者更相融，她就会变得更快乐。成为超级英雄的压力消失了。自十五岁以来背负的巨大重担被卸了下来。人们爱她，敬仰她，不是因为她身体机能有多了不起，而是因为她本身。神奇女侠意识到她根本不需要手镯。

如何善待你的思想

　　当我与自己建立了更多联系，我感觉也应该与家人建立更多联系。让我换个说法：当我与自己建立更多联系时，我感觉拥有了更多与家人建立联系的方法。我的父母住在离我只有二十分钟路程的地方，我却很少见他们。所以我决定做出努力。我现在是一个全新的人，愿意和父母在格伦代尔的 Sizzler 餐厅每月见面一次。我不知道为什么，但韩国人总是很喜欢 Sizzler 餐厅。

　　每次我和父母坐下来，就像泡在冰浴中一样，恐慌感袭来。但我一直用它们来练习不屈服于旧牵引力，那股牵引力会把我拉回以往那个应激反应模式下的约翰·金。于是我产生了一个想法，尝试新的办法。我决定问妈妈一个有趣的问题，诸如"如果你×××了会怎么做"之类的问题，必须赶在我爸用一个小时不断唠叨轰炸我之前赶紧先问，否则他还会做一场关于"最好卖掉你的摩托车，你应该在生活上去处理这些……"的演讲。我问我妈如果她中了彩票会怎么做。这是地球上最常见的问题，但你得知道我不太会说韩语，而他们不太会说英语，所以我们是用小学六年级水平的英语在对话。

她的第一个反应是抱怨中奖后得交多少税。就在那个时刻，我突然豁然开朗。我平时性格平和，很少为好消息而激动，总是抱有"杯子不仅是半空的，而且有裂缝"的愚蠢想法，这不只是我的个性特质，也是我父母的。这种特质一部分是习得的，经由父母、成长环境流传下来。我在一个笼罩恐慌感的家庭里长大，我们每天只关心卖了多少炸鸡（我们开了一家 Popeye's 炸鸡店）。生活非黑即白。如果卖了很多鸡，那就是好事；如果没有，那就是坏事。是的，我明白了，我父母在贫困中长大，他们的心态被永久设定在生存模式上。同时我也明白了，我的人生不必如此。

我回想过去与父母在一起的时光，于是理解了那些充斥我脑海的消极声音是如何经过时间的累积，由他们传给了我。这里有一些我们的日常对话，至少我记得是这样的。

Sizzler 餐厅的一次对话

约翰和他的父母正在每月聚会。他的父母正享受着自助沙拉吧的食物。约翰没有吃东西。

妈妈

你喜欢书呆子（nerds）吗？

约翰

什么？

妈妈

书呆子。你喜欢书呆子吗？

约翰

你是说那种叫"nerds"的糖果吗？

妈妈

什么糖果？

约翰

你到底在说什么？

妈妈

爸爸之前在医院看病的时候，发现那里有漂亮的书
呆子。

约翰

你是说护士（nurse）！

妈妈

对。

约翰

我不会和爸爸在医院找到的人约会的。

妈妈

她在那里工作。不是病人。她是护士。

约翰

那又怎样？

妈妈

所以她能照顾你。

约翰

我不需要谁来照顾我。

妈妈

万一你哪天受伤了怎么办？

约翰

我有保险。

妈妈

她想见见你。

约翰

你是不是和她说我是医生了？

妈妈

爸爸说的。

约翰

我不是医生！我是个治疗师。我甚至都不是治疗师，我还在接受治疗师课程培训！

爸爸

（吃着手卷）一回事。

Sizzler 餐厅的另一次对话

约翰和他的父母进行他们的每月聚会。他的父母正享
受着他们的自助沙拉。约翰没有吃东西。

爸爸

你最近在跟人约会?

约翰

我和自己约会。

爸爸

什么,你是同性恋?

约翰

不,我在成长。

爸爸

你四十岁了。不会再长了。不可能。

约翰

三十七。

妈妈

你必须生孩子。

约翰

如果我不想呢?

妈妈

你必须。这是快乐的唯一方式。

约翰

你的意思是唯一能让你们快乐的事情。

爸爸

医生说我还有五年就要死了。

约翰

你五年前就这么说了。

爸爸

换了新医生。

我开始思考所有对我的思想和思维方式产生影响的外部因素，思考我所追随的愿景是否真实（更多关于这点的讨论将在第二幕中展开）。尽管想法是自己的，但我们的想法是被老师、父母、男女朋友、不健康的经历浸染过后才产生的。有些想法和愿望甚至不属于我们。当我意识到这一点时，又一个巨型重担被卸下。我意识到自己不是个错误，我不是有缺陷的。我是一个产物，而我可以将这些乱七八糟的东西退回去，换成新的。

根据神经科学家和畅销书作家乔·迪斯彭萨博士的说法，我们每天大约有 60000 个念头。其中大多数想法是消极的，而且还是重复想法。所以我们不仅让自己在重复的烦恼中徘徊，某种程度上也活在过去。好好想想。这是一个能改变游戏规则的认知：相同的思想→产生相同的感觉→导致相同的行为→带来相同的经历。让我分析得再透彻些：相同的经历→巩固同样的错误信念。基本上，我们生活在循环中。这是一种规律，让我们不断陷入困境，不仅与我们自己脱节，还与世界脱节。

我们中的大多数人不懂得善待大脑，允许这种循环在思绪中继续，让自己越陷越深。除非我们采取行动，否则这就会成为脑海中的默认设置。如何善待头脑，如何将自己从精神流沙中拖出来，在分析这些步骤之前，我想指出你以前可能从未想过的事情，这事对我有很大帮助。就是这么一个现实：那些消极的声音不属于你。

第一步：朝你的思想照紫外线灯

我们大多数人不会去想，我们究竟是如何思考的。大多数人不会用紫外线灯仔细探查日常思想。我们只是让想法自然地进入脑海，我们沉浸其中。这些念头消耗我们，控制我们。它让我们紧张，产生焦虑，让我们处于恐慌状态。这些念头不仅让我们远离当下，还住进了我们的头脑（过去或未来）。在它的控制下，我们并没有真的活着，只是担心太多了。

第一步是要有意识。留意你的念头，不要评判它们，只是练习如何关注自己的念头。这是第一步。另外，也要留意当你产生想法时，身体有什么样的感受。注意！注意！注意！就像观察水晶雪球里的微型场景。

第二步：质疑你的念头

人的大多数想法源于错误的思维和恐惧。我们沉溺于过去，担忧未来。我们夸大事实，草率定论，用旧滤镜审视曾经的自我。我们因为害怕而编故事。一遍又一遍地重复，直到它成为日常默认设置，就像膝跳反射。这不仅是一种习惯，它还成了一种生活方式。实际上，那也根本称不上生活。因为我们所做的就是醒来，摄入过量的咖啡因，然后冒出很多很多念头。

只有通过"质疑你的念头"，才能打破这种模式。这些想法是否有真实性的依据，或者是受了谁的影响产生的？好好审视你的想法。要知道，感觉不是事实，它们只是感觉，来得快去得也快。不要附着于它们，不要任旧念头产生沉重负面的思想，直至将你淹没。

第三步：留意思维中的循环模式

注意你的思考方式和思维模式是否已经形成了某种规律。你是否跳过过程，直接下结论？你是否在全有或全无的思维中挣扎？你是否常觉得某人在想关于你的事情，而事实上并没有？当时的情况是什么？什么感觉触发了这种思维？更重要的是，这些因袭的思维模式或扭曲的思维如何在行为上表现出来？你是否因为伴侣一小时没发短信而想与他们分手？你是否会因为在没有证据证明你做不到的情况下就认为自己做不到，因此去刻意破坏那个机会？你是否帮过一些人解决问题，他们并没有主动找你寻求帮助，但这么做会让你相信自己有价值？

善待思想意味着理解。一旦你了解自己的工作方式以及你的思维如何影响行为，就可以采取行动，来纠正思维模式或行为。一切都从理解开始，没有理解，你只会做很多无用功。一旦真正了解自己的模式以及它们如何影响日常生活和选择，你就会知道需要做什么。

执行这三个步骤将帮助你退后一步，看看发生了什么，所以你不会再将坏事发生归因到自己身上。相反，你允许自己对自己的扭曲思维或错误信念做出反应。一旦看到这个过程，你就可以选择停止并修复它。当你注意到自己扭曲的思维或错误的信念或恐惧时，不要即刻反应，而是要评估它。要知道你选择了不一样的对应方法，才会走出一条新的路来。通过这样做，你会给自己带来新的体验。而给自己的新体验越多，你就越能创造出新路径。

你知道健康饮食和规律锻炼可以塑造你的身体，但实际上做到这一点是困难的。改变我们根深蒂固的想法、扭曲的思维和错误的信念也是如此。它根植于脑海深处，不是你通过阅读或者狠下决心就能改变的。正如我上文提到的，这需要每天去练习，直到有一天你发现事物开始发生变化。你必须相信这是有效的，否则你不会去做。

分离是为了更好地联结

我们不会反复出现一个孤立的想法。我们脑海里出现的想法是一系列的，它们是连续的，有讲述故事的能力。故事会让我们陷入无法爬出的黑暗滑坡，让我们沉浸在重复相同的想法、故事、破碎的记录里。我们的世界变得非常小，就像生活在战壕里。除了从错误思维中投射出来的心理夸张之外，我们看不到任何其他东西。不是真相，也不是可能的真相，看到的反而是过去的事和不可能的事。长时间这样错误思考，你就开始失去希望。天空变得灰暗起来。你质疑为什么每天要起床，感到绝望是人陷入抑郁的最快方式。

但这些还是有希望摆脱的——如果你深呼吸，退后一大步，观察自己，从你的思维中脱离出来，为获得启示腾出一些空间。脱离错误思想是重新联结自己的好方法。因为一旦创造了距离，你就可以观察，更准确地了解自己的做事方法。你将得到一个不被消极思想和错误思维扭曲的真相。

这就是为什么冥想会在如今如此流行（至少在西方文化中，

而东方文化早就了解这一点了）。冥想创造了这个空间，这种练习能释放曾经困扰你的想法。记得不要对想法做出反应，而是让它们轻轻飘过。你可以放手，选择回应（有力的）而不是反应（无力的）。这就像龙卷风来袭，你是处在风眼里还是处在风圈边缘，这两者的感受有天壤之别。在龙卷风的风眼中央，那里反而格外平静，你可以清楚地看到四周发生了什么。倘若处在边缘，你就会像布娃娃一样被无情旋转。将脱离的思维作为一种日常练习和生活方式，你就像生活在宁静的暴风眼中央。

有了这个距离，你可以将自己视为一个实验，尽可能去关注而不是评判事物。这是你真正能获得牵引力的地方。

养育你的大脑

那时，我已经练习 CrossFit 大约一年了。我准备好去挑战更正规的锻炼。就像武术中的级别一样，这些锻炼通过你的得分来测试你的健康状况，得分就是成绩（级别）。其中有一个锻炼叫作"苦战"，这是为了模拟 MMA 战士 B. J. 佩恩在一场战斗后的感觉而制订的锻炼。锻炼内容包括墙球、推举、划船、跳箱和相扑硬拉。重量相对较轻，但你要把球推到墙上 [1]（是双关，我故意的）。每个重复动作是一个得分点，目标是在一定时间内获得尽可能多的得分，即重复次数。超过 350 分就是非常好的成绩，在我锻炼的那个 CrossFit 健身馆，这成绩能让你进入前五名。所以那是我努力的目标。

对我来说，这不是一场战斗，感觉更像是被带入一个帮派。第一轮只是带给你恐慌和畏惧。第二轮激烈到你会质疑一切。

---

1 习语，意为全力以赴，取老式引擎中将压力杆（顶端为球状）推到底直至抵到墙面的状态。

我当时痛苦到在想为什么要来这个国家。然后在第三轮的某个时刻，我突然脱离了思维融入身体中。当时我脱离了所有消极的想法和思维模式，专注于动作，像跳舞一样流畅地做动作。我离开了我的头脑，进入了我的身体。

人们说你的头脑会比身体反应更快地阻止你。这意味着你总是可以在身体上比你认为的更积极地推动自己。当人达到心流状态，就能表现出最高水平。总有运动员创造世界纪录，我敢保证这些运动员在创造纪录的时候绝不会在想报税的事情，也绝不会想比赛前晚与女友的争吵。那一刻他们什么也不想，他们通过脱离思想达到了完全投入、完全专注于当下的境界。

那天，我没有让我的头脑阻止我。我从中脱离出来。

每次在 CrossFit 健身馆锻炼时我就会狂流汗，像尿裤子一样拼命滴水，但那是我第一次在地板上留下"汗水天使"（汗水形成的人形印记）。我记得我的得分大约是 300 分。那不算什么胜利，但对我来说，最大的胜利是回家路上的领悟。如果你把自己当作一个实验，让自己远离自己的思维，不再让思想控制你，你的成就将远超预想。

善待我们的思想不仅仅关乎改变我们的想法或思维方式。如今的噪声比以往任何时候都多，它们从各个角度不停袭来，信息如雨下。"标题党"成了如今新的娱乐方式，不管是争议性的博客帖子还是令人瞠目结舌的视频，甚至是搞笑的猫咪视频。

有时候为了看一个猫咪搞笑视频，演变成刷了不下五十条视频，我们就这样浪费了两个小时。这不是偶尔发生的，这成了人们的日常习惯。这些视频让人发笑，提供恐怖电影里一样的刺激来娱乐我们，给予我们多巴胺。这些视频不是电影，它们是真实的。由于它们是真实的，你可能不会认为它们像电视剧那样有害，但它们同样糟糕甚至更糟，因为它们无处不在，没完没了。真该千刀万剐。

你的大脑和你的胃一样重要。如果你喂它垃圾，你就会感到恶心。要善待大脑就给它看好的内容。是时候让大脑去消化能丰富你个人的东西。

让我们来详细分析一下。

互联网和社交媒体

互联网和社交媒体可以成为打造更强大自我的神奇工具。但你需要时刻清楚自己的意图，不要只是滚动屏幕，发布你正在吃什么。社交媒体应该成为工具，去分享你的故事，找到你的声音。用它来锤炼自己的脆弱性，展示你自己。明白哪些可以分享，哪些不可以，做出让自己舒服的决定同样需要勇气。在社交媒体上，有人会与你的故事产生共鸣，故事将变得比你更大。通过分享故事，你接纳了这些发生过的事情，而不是撕碎忘掉。这是一个赋能的过程，让你重新联结自己。帮助你接受自己。

通过使用社交媒体来寻找适合你的人群，创造你喜欢的对话。那些账号的个人简介背后，是一个个真实的人和真实的故事。通过它来找到适合你的部落，感受到你在这个世界上其实并不孤独。对社交媒体关注你的人和社交媒体的内容要时刻保持挑剔的眼光。人们容易沉迷于无意义的内容，参与八卦，沉溺于网上的负面内容和评论——人们所说的话。它会挟持你，让你更悲观地看待世界。记住，你喂养什么，头脑就长什么。如果你只关注世界上发生的各种糟糕问题，你就不想离开家，或者压根儿不想生孩子。

播客

播客是新时代的广播，选择那些能刺激你大脑的节目。选择与兴趣点有关的对话，选择让你思考、启发和激励你，让你成为更聪明更优秀的人的节目。我们通过借鉴他人的经验获得成长。聆听那些了不起的人的惊人经历，没有什么比一个人的蜕变之旅更鼓舞人心。听你喜欢的，然后你会觉得自己也可以有好的故事。发现这点意味着你已经出发。你很重要。你有像他们一样的故事。现在就开始你自己的播客吧。

有声书籍

坦白讲，我不读书。我不确定自己是否患有注意力缺陷障碍之类的，我只要阅读任何东西超过 10 页就会分心。这一直是个困扰，让我觉得很尴尬。感谢有声书籍的发明。因为我竟然能很好地听书，听完还会清楚记得。出于工作需要，作为治疗师的我每周都需要听一两本书。大多是关于自我提升和哲学的，但也包括所有主题，从人际关系到性别，到灵性到正念，到成瘾到心态，到如何规划你的一天这样有关组织管理的话题。我选书的主题取决于当时的生活处境，也取决于感觉自己需要学什么就读什么。任何能帮助我更好地了解自己的东西我都会选，我会同时听几本书。

只是在互联网上搜索信息不如阅读或听书那么有力量。书籍不仅仅是信息，它们有故事、声音和视角。这些个人故事比谷歌搜索引擎更能在人心里留下深邃印记。我从有声书中学到的东西比在所有传统学校学到的总和还要多，这真的改变了我的生活。现在我不断地"阅读"来喂养我的大脑。

善待你的思想也能联结你自己。无论是有声书还是印刷书，我倡导将书籍融入你的日常生活。书能让你变得更好，我保证。

喂养你的灵魂

渴望了解你灵魂的那个欲望将终结所有其他欲望。

——鲁米

你在喂养你的大脑 ——那你喂养你的灵魂了吗？你在倾听它吗？尊重它吗？给予它所需的东西了吗？你曾经这样做过吗？我三十五岁之前从未想过，我甚至不知道自己有灵魂。但这却是最重要的事情。为什么？因为灵魂就是我们常忘记的部分。我们都知道身心合一。身心是个整体。但我们不常去思考灵魂。它被放在架子的高处，我们忽略它，因为我们认为它是额外的东西。是在成为"成功人士"之后才会想到要去滋养的东西，我们完全没有意识到，如果不滋养灵魂，就会阻碍我们真正成为自己。

我没有像其他孩子那样长大。我没有一个带我去钓鱼和露营的爸爸，从未加入童子军学习如何系绳子和生火。我的父母总是在工作。我在混凝土中长大，在滑板上长大，在跳霹雳舞时头顶地倒立旋转着长大。我害怕荒野，害怕动物，我只露营过两次且每次都带了吹风机。所以当朋友邀请我去露营七天时，我立刻感到抗拒。通常情况下我都会拒绝，但那是朋友的婚前单身派对，我不能说"不"。我们骑着越野摩托从红杉国家公园赶到优胜美地国家公园，露营在星空下。这是我第一次参加全男组合的旅行，也是我第一次骑越野摩托。

我们这群人在树林里待了七天，围着营火，骑越野摩托，兄弟们真实地做自己，不摆架子，也不试图证明什么。某一刻，一个兄弟像个吸了可卡因的泰山抓着树绳在摆荡，最后跳进湖里。他从水下探出头来说："水暖和着呢，感觉棒极了！"接下来轮到我。绳子冲我飞摆过来，就像上帝送来的藤条。我死命抓住它，跟侧翻猴子似的飞了出去，猛然意识到那王八蛋刚才在撒谎。水冰冷刺骨！我尖叫着朝岩石游去，那里有十二个男人正脱下越野摩托装备轮流跳进水里，我感到一种久违的爱。你看，这种恶作剧必须是自找的，否则它就会让人厌恶，就不是兄弟情的体现了。

直到旅行的最后一刻，我才意识到一些事情。当时我们刚穿过一条长隧道，骑行了数百英里，穿越了各种岩石、水域和倒下的树木。我们浑身骨头疼痛，身体疲惫不堪，眼睛里满是灰尘。隧道的尽头是进入优胜美地，终点线就在那里。当我们从隧道出来时，路边有一位年长的亚洲男子站在石头上向我们挥舞着美国国旗。这非常奇怪，就像他知道我们要来一样。一切都变成了慢动作（如果你在谷歌上搜索"Makes you better Yosemite moto"，看到实际的视频片段，你就会明白这一点），他让我想起了最近去世的父亲。

我父亲带着妻子、两个儿子、五百美元和实现美国梦的坚定热情来到这个国家。他这一生所做的就是不停工作——铺设电话线。他的确有一些玩台球和喝烧酒的朋友，但他从未做任何滋养他灵魂的事情。他的生活里没有自我照顾这件事，他只是和我妈妈一样不停地在工作。至少我父亲还有朋友，我妈妈从来没有朋友，她只是工作，确保她的儿子们有酷炫的东西，这样他们就不会在学校被取笑了。

我父亲来美国后一辈子都在铺电话线，我妈妈则翻烤汉堡和炸鸡。也许这就是为什么"灵魂"这个词之前不在我的词汇表里。"灵魂"是外国的概念，我从未在现实中见过它，至少在我的家庭中是这样。我父母跟着那面飘扬的旗帜来到这里。对他们来说，灵魂意味着某些东西。它是游泳的终点，漫长彩虹尽头下的金罐子，但我不认为他们找到了金罐子。因为黄金并非只出现在终点，黄金其实撒遍了整个彩虹桥，如果你不滋养灵魂，你就永远不会看到它。当我看到那位亚洲男子挥舞着国旗时，我意识到了这些。也许这是一个警示的信号。

这趟旅行的伙伴各不相同，年龄不同，职业不同，处在人生的不同阶段。如果不是这次旅行，我们可能不会成为朋友，但我们都被一个共同的纽带所联结。那就是逃离日常，寻求冒险，滋养自己灵魂的渴望。实际的骑行并不出奇，反而是那些微小时刻将我们这群人紧紧相连：当旅程中最瘦小的艾迪安扔出唯一一把能准确插入树干的斧头时；当一辆越野摩托飞出悬崖，我们用安迪锻炼平衡的扁带将它拉回来时；詹姆士讲的烂笑话；每当有人摔倒吃土或翻过车把手时，我们都会回头帮助，听大家回顾评论刚才发生的事情；围绕噼啪作响的火堆分享故事讲述脆弱时刻的时候。我们这群人就是林中的《早餐俱乐部》。

这是一次不舒适但充满挑战的全新体验。滋养你灵魂的东西未必是让你感觉良好的事，真正滋养灵魂的东西是让你感到自己真切活着的事，而让你感觉活着的事情往往离死亡很近。戴伦撕裂了他的肩膀，格雷森扭伤了他的脚踝，山姆弄断了他的脚趾。每个人都多多少少摔过，大多数人摔倒很多次。我们骑行在悬崖边缘，一次转弯或突然转向就能让人坠入数百英尺下的岩石海。更准确地说，我们是在恐惧和流畅的边缘骑行，在恐惧和流畅的边缘寻找生命。这是我们在家中没可能去做的事。另一层收获是与陌生人真诚的联结，与他们共享体验。第一次在树林里如厕都能让我感到无比的活力。所有这些都滋养了我一直忽视的部分——我的灵魂。

听着，你不必通过参加越野摩托车旅行或在树林里如厕来滋养你的灵魂。滋养灵魂可以有很多种方式：关掉手机，阅读一本好书，去远足，在最喜欢的餐馆吃煎饼，听播客，选择星期三那天一个人去看电影，写博客，告诉你的对象希望他如何在床上取悦你，而这是你在关系中从未主动提过的。做什么不重要，做一些能让你与世界产生联结的事情。滋养你的灵魂可能意味着最终辞去那份已经消耗你生命十年之久的朝九晚五的工作，开始一段能让你充满热情的新事业。滋养灵魂或许意味着允许自己吃几个甜甜圈，放下他人的评判自己也不觉得羞愧。

滋养你的灵魂是用实际行动建立与自己更好的关系。提供自我，提供你所需要的。因为真实的你不存在你的大脑，更不在你的意识里，而在你的灵魂之中。

通过与灵魂建立更好的关系来实现自我联结吧。

走出孤岛

我们需要去互相联结，这就像人类对食物和水的需求那样基本。

——马修·利伯曼

这一部分讨论的是与他人联结就能更好地联结自己。这个话题之所以放在最后，是因为你必须先完成内在的建设，才能去建设外部世界。千万不要忘记友谊，这也是建立强大自我感和自信的重要部分。许多人认为建立自信是一趟孤独的旅程，其实不是。朋友可以做出重大贡献。他们既能让你相信只要下决心就可以做任何事情，也可以让你觉得自己一文不值。你肯定明白这个道理，因为人的一生中总会遇到这两种类型的友谊。

有时候，你谈恋爱后就会失去一些朋友。我们中有许多人都过分重视恋爱关系而低估了友谊，其实友谊也是充实而甜蜜的（且不会造成创伤）。当你单身却没人找你玩，或者你发现过去的200条短信全都发给了伴侣，是时候打破你的规律了，多陪陪那些让你笑，支持你经历的人吧，尤其要珍惜相信你的朋友。

闪回：约翰的公寓楼——黄昏，大约 2005 年

约翰拖着疲惫的步伐进入公寓楼，手里只拿着笔记本电脑和一个老旧的星巴克咖啡杯。他上楼梯走了一半，停了下来。深深吸了一口气，仿佛需要调整自己的态度。他稍微挺直身体，然后继续走向前门。

约翰进门，立刻停住脚步。

所有人（画外音）

惊喜 !!!

这间公寓像沙丁鱼罐头一样挤满了朋友。在这个小小的一室公寓里，肯定有三十多人。约翰的妻子站在最前面，手里拿着一个自制的生日蛋糕。

一个长长的尴尬停顿。约翰呆立不动，面无表情。

然后突然，他把东西扔到沙发上，开始在客厅里破风车式地跳起了霹雳舞。他跳得离家具只有毫厘就要撞到头了。

这场面有点奇怪。

人们感到困惑。

他们不知道如何反应。

气场怪异。

对准约翰的冻结画面

约翰被镜头捕捉到正在做破风车式的舞蹈动作，脸部紧张，抓着裆部，双腿张开。

约翰（画外音）

这是第一次有人为我举办惊喜派对。我不知道该怎么做，所以我就开始跳霹雳舞。我想我内心深处感觉我需要给他们回馈一些东西，感谢他们专程来给我惊喜。我的第一反应是让自己做个跳舞的猴子来取悦他们，但效果一般。

全景横扫过房间里所有不舒服的面孔。

有几个人互相看着，想知道他到底在干什么。

约翰（画外音）

这次和我在婚礼上跳舞那会儿是完全不同的。

结婚那次至少有个正经舞池。

闪现一张照片：

约翰穿着燕尾服（做着同样的霹雳舞动作，也是他唯一还会的动作）在一个美丽的农场／玉米田环绕的民宿。

每个人都在鼓掌和微笑。他们印象深刻。他们喜欢它。

回到场景 约翰（画外音）

这是我第一次感觉自己跳错地方了。我用它来转移注意力，而不是与自己建立联系。

停顿

约翰（画外音）

这也是我第一次意识到我一个朋友都没有。

那天更深的夜晚

现在每个人都在社交和吃蛋糕。除了约翰，他正坐在厨房的柜台上，带着微笑观察着每个人。

约翰（旁白）

他们都是我妻子的朋友。

淡出

那一刻，我意识到我需要自己的朋友。是的，那些人对我很友好，但他们不是我的朋友。我可以这么说，因为他们中没有一个人现在还在我的生活里。他们是她的朋友，是通过她认识我的，不是我自己建立关系的人。我以往的生活总是围绕别人转，婚后则围绕着之后成为我前妻的她转。

这在恋爱关系中很常见。当我们遇到一个恨不得所有时间都待在一起的人，我们就会真的一直黏在一起。于是我们逐渐失去朋友。没有朋友会使我们与自己失去联结。但是当我们与自己断联，我们也与伴侣断开了联系。我们以为找到了天堂，其实是创造一个只有自己的荒岛。是的，你的伴侣可以是你最好的朋友，但他或她不能是你唯一的朋友。

我与自己断开联系太久了，像个被遗弃在荒野的人。我就像汤姆·汉克斯在电影里那样冲着排球说话，难怪我那么不开心。以前我不认为朋友很重要，想把所有时间和精力投入事业中。因为"成功"会让我快乐。直到离婚后，我终于开始努力去交自己的朋友。首先是山姆，然后是其他人。人生中第一次建立真正的友谊。我在与这些真朋友交往的同时，也正与自我相连。让人们看到真正的约翰·金是什么样的——不是那个寻求认可、缺乏安全感的约翰·金，那个约翰·金只会为了错误的目的而倒立旋转。

为自己跳舞，就会有人加入，与你共舞。

为了别人而跳舞，你就成了一个表演节目，而不是一个人。

我们需要朋友。他们不是"非必要"的，不是奢侈品，不是特权。或者说，朋友不是我们有了空余时间才想到去找他们。我们天生就渴望人际联系。这是人类生物学的一部分。当你饿了，身体告诉你需要食物。当你哭泣时，身体发出信号告诉你情感受伤了，正在哀悼，需要释放。当你累了，身体告诉你需要睡眠。当你感到孤独或对自己不满意，身体告诉你需要人际联系。我们忘记了人际联系有很多形式，不仅仅有爱情一种。

通过参与一个健身社区，找到一群骑越野摩托车的兄弟，和几个汉堡爱好者一起狂吞汉堡，几个能分享故事的伙伴，我找到了人类之间的相互联结。人们寻找人类联结的方式方法各不相同。但不付诸实际行动，不去尝试，不走出你的房子和你的思想，继续在你的城堡周围挖掘壕沟，你将剥夺自己一项重要的基本需求。

人类是部落性的生物，我们不是生来就一个人过日子。如果周围没有足够广泛的人脉，那我们仅有的人际关系会被赋予过多压力。你选择去爱的那个人不是你的部落，你的孩子们不是你的部落——他们是你部落的一部分，但不是全部。我们从朋友那里得到的东西是伴侣和家人给不了的。朋友对我们的成长、人生和幸福度至关重要，如果你与朋友形成真诚的联系，他们将帮助你联结自己，也帮助你建立自信。这样你就不必独自去做。

我如今是否拥有这么一大群朋友，会在凌晨三点接我电话，把我保释出警局，或者帮我搬家吗（这是真正的考验）？我不确定。因为我从未在凌晨三点打电话给任何朋友让他们保释我。我知道自己没有一大群朋友。我有不到十个朋友，和其中几个走得更近一些。当然这些会随着时间的推移发生变化，一些友谊会更进一步，有一些则慢慢淡了。没有人是完美的，就像我对他们也不是完美的朋友一样。他们都是真实的人，和我一样经历着真实的人生。有时他们在我说话时发短信，有时他们会失约，有时他们说或做的事情会伤害或困扰我，我们在生活、政治和衣着风格上看法不一。但他们是我的朋友，这友谊是真实的，是随着时间和信任而建立起来的。我们一起锻炼，一起骑摩托车，一起吃饭，互相取笑。总之，我们相互支持，为彼此的经历加油，真心希望彼此过得更好。我们会永远是朋友吗？我们会一起变老坐在秋千上一边喝康普茶一边回顾人生吗？我不知道。

重点不在于拥有完美的朋友。任何关系都不可能完美，所以不存在完美的友谊。关键是拥有真实的朋友，那些在你人生的任何阶段都让你感觉可靠的朋友，那些鼓励你与自我联结的朋友。

以下这些提示能帮你分辨谁是真朋友。

你的朋友可能会对你的选择提出意见甚至反对，如果沟通到最后，他们也不支持你的真实想法，没有帮助你成为真正想成为的人，那他们就没有鼓励你与自己建立联系。相反，他们试图改变你，或坚持在友谊中互动的旧模式。这种旧模式在你开始成长之前是有用的，但现在的你让他们感到不舒服。这种现象很常见，就是人们所说的"渐行渐远"的朋友。这很正常，这就是生活。仅凭过去的友谊，并不一定能构建未来的健康友谊。再读一遍这句话。只要你周围的人能为你真实的自我提供空间，你就永远不会被困在一个岛上，或在假朋友面前尴尬地跳舞。当你单身时，拥有好朋友比找到伴侣更重要。

成年后如何交友

我们越长大就越难交到朋友。有两个原因。一是，随着我们离开学校，一拍即玩的社交方式消失了。年轻时，朋友是直接被推送到我们面前的，他们出现在实地考察、运动队、社交俱乐部、留校察看、兄弟会、姐妹会、学校舞会和各种聚会中。我们只需一个勇敢的外向决定就可以进入任何一个微型社区。

现在，作为成年人，这种自动推送就停止了。再也没有外卖投送朋友的服务了。社区缩小了，我们有工作，而工作占据了生活中最大部分，花费最多时间。许多人不愿意在工作场合交朋友，会刻意与同事保持距离。另一种情况是，我们试过和同事交朋友，但事情会变得奇怪。于是就有了我常说的"残留朋友"，来自我们过去的朋友圈，高中或大学的朋友，通过前任或以前的工作认识的朋友。但这些朋友是边缘的。你要么已经与他们渐行渐远，要么他们只是你生活中其他时期的密友。他们可以算得上是朋友，却不是你今天日常生活中的人。你不会在看整集《权力的游戏》时和他们打视频电话。

有些人通过爱好和激情结交新朋友，可大多数人没有什么爱好或激情。我们只是单纯地工作，在关系中度过时光。如果你现在已婚并有孩子，朋友之路就会分岔。你的朋友圈会继续缩小，更少时间与朋友相处，因为你的优先处理事项已被改变。见朋友成了需要提前计划和安排的事情，就像现在的性生活。你和朋友们分别处于人生的不同阶段，共同点变少了。

　　还有一点也很重要，当你三四十岁时还想主动接近陌生人成为朋友，这感觉太奇怪。特别怪。他们会认为你要么想和他们上床，要么你有什么问题。你显得绝望。哪像我们小的时候，只需要向别人展示我们鼻子里找到的东西，就能交到朋友。

　　所以当我们成为成年人，找到朋友的空间和机会就更少。我们必须付出更多努力寻找，投入更多精力和时间在友谊上。成年人有更多的责任和更少的个人时间，所以寻找和投资友谊被排在了正在努力应对的成人事务之后。突然间，我们没有朋友了，所有的幸福筹码都押在夫妻感情、孩子或家庭上。夫妻感情、孩子、家庭势必承受了更多的压力，可这对他们不公平。

　　事情不一定要这么难。建立你的部落永远不会太晚——事实上，现在是投资友谊的最佳时机。

年度友谊回顾

这是只有你知我知的秘密，不需要向朋友宣布。

花点时间，思考一下现在你生活中的所有朋友。

然后问自己这些问题。你的朋友是否为你创造了一个与自己联系的空间，还是他们正在将这个空间从你身上拿走，不管是微妙地还是明显地？他们是促进还是阻碍你的成长？他们如何对待你？他们如何与你说话？他们是想要你过得最好，还是总在与你竞争？你们之间的友谊平衡吗？如果是，以何种方式？你与他们是否实际上已没有共同之处了，只是出于历史原因与他们交朋友？你们是否拥有相同的激情和价值观？他们能给予你的和你能给予他们的一样多吗？你必须诚实地面对自己。如果他们在我们的生活中已经存在很长时间了，我们会为朋友们找借口。你不需要告诉任何人你的结论。所以没关系，真实一点，诚实一点。

也许你有一个朋友不支持真正的你，或者不支持你的故事。他们可能只是消极负面，总是谈论关于自己的事情。如果你已经努力沟通过这个顾虑，希望他们有机会改变，而他们没有做任何提升，那么，现在是时候减少对这段友谊投入精力，更多地把时间精力用于其他友谊了。不需要公开声明。与朋友分手不同于与伴侣分手。没有分手，只有自然淡出。你所要做的就是让人们自然地走自己的路。就从你开始。

第一步：确立意图

　　没有意图，就什么也做不成。朋友不会从天而降，你必须确立意图。告诉自己你想要新朋友，释放出这种能量，对自己宣布，让它渗透到你的潜意识中。你会发现自己自然而然地在付出努力，不知不觉中心态变得更开放。交朋友这件事通常不在"待办事项清单"的顶部，实际上它根本不在任何清单上。它只是我们故意绕远路回家时的一个念头或是我们让宇宙来处理的事情。通过首先确立意图来掌控这件事，这是锻炼你在生活中想要任何东西的好方法。

第二步：参与社区活动

　　一举两得。选择一个你热衷的爱好或兴趣，然后积极参与那个社区，最常见的就是健身。你注意到了吗？现在的人们去健身是通过社区来完成的。没有人还独自去健身房走跑步机，一边走一边看《美国周刊》（美国著名八卦小报）。他们练的是 CrossFit、瑜伽、普拉提、动感单车、训练营、拳击……如今能流汗的方式无穷无尽，而且在不断增多。

　　拿到课程通行证，去尝试每样运动，至少试两次。完成这些还只是做了其中一半。你打中了第一只鸟，是去执行。第二只鸟其实是指参与。说话，交谈，社交，放开自己，自我介绍，开个玩笑，锻炼那块从八年级夏令营之后就再没用过的肌肉。

　　如果运动不是你的菜，这里有更简单的方法 ——放下你的手机。如今我们越来越像躲在手机背后孤立于世的机器人，放下手机是重新成为人类的机会。转而专注于那些让我们成为人类的事情，比如眼神接触、微笑、夸奖某人、获取他们的社交媒体账号（新的电话号码），然后给他们发私信。关注他们的朋友圈，点赞帖子，但也要争取线下一起玩耍。这是重要的部分：现实生活中面对面地与人交流。（我无法相信自己竟然在强调这点。但这就是我们现在所处世界的真实情况。）手机或社交媒体只是个工具，就像耕种时需要先松土，面对面的互动才能使关系变得真实。否则你们之间只是笔友关系。如果你不知道笔友是什么，去谷歌搜索一下就知道了。

我曾经使用爱彼迎的"体验"项目参与了我所在城市的本地可负担实惠体验活动，与一小群人一起。我参加过为期两周的"荒野团"（Wilderness Collective）越野摩托车之旅，和大约十二人的小团队一起。我还与朋友举办过每月一次的"九"晚餐，邀请九个陌生人来谈论陌生人不会谈论的事情。最后，我也举办过自己的静修和聚会。这就是我们今天如何创建部落的方式。

　　这里还有一些可以参与的社区活动的例子：

艺术

摄影

烹饪课程

写作工作坊

健康或冒险静修

远足俱乐部

攀岩小组

音乐活动

健康节

共享工作空间（更重要的是他们举办的活动）

像斯巴达赛跑或泥泞障碍赛这样的健身活动（与一个小团队一起做，这样旅程自然会产生友谊的黏合剂）

第三步：对一切社交活动说 Yes

一定要走出去，与世界互动。周末窝在家里吃外卖追剧是交不到朋友的。不要对你喜欢和不喜欢的事情太挑剔，有时，最好的时光就发生在我们最意想不到的时候。有时，我们会在做最愚蠢的事情时遇到最酷的人。走出去，把这当作挑战自己的拉伸训练，尝试可能让你感到不舒服的事情也是一种能与自己建立联系的方法。你在探索，而没有探索就没有联结。所以今天，打破你的惯性，把心态转为"探索"并锁定在那里。接受每个邀请。这状态不必是永久的，试几天或几周，看看你会有什么样的经历。无论如何，你都会有故事可讲。

ACT

2

放手

前方等待着我们的，远比我们所留下的要好得多。

——C.S. 刘易斯

快速回顾你的爱情旅程

正如我在开头所说，这不是一本关于如何拥有更好恋爱关系的书。这是一本关于如何与自己建立更好关系的书。然而讽刺的是，我们与他人的关系往往直接冲击我们与自己的关系。

过去所经历的关系定义了我们。这些关系为我们铺设人生轨道，打印出我们需要遵循的人生蓝图。最重要的是，这些过往的关系要么让我们与自我建立联系，要么让我们与自己断开联系。换句话说就是，健康的关系鼓励我们与自己建立联系，不健康的关系阻止我们与自己建立联系。

如果想要越过这些旧关系去重新定义自己，我们必须先回顾过去所发生的事情。在指导成千上万人的关系时，我发现了一种模式：虽然每个人的爱情故事都不同，但我们所有人经历爱情旅程的总体轨迹大致相同。

年轻的爱：小黏

高中时，我们的吸引力基于两件事。

1. 身份认同

我们被自己所缺乏的东西吸引。外观上，你的确可以认为他英俊的面容还有抢投决胜分时臀部的颤动"超级性感"，但你对他的渴望有多少是因为别人也同样想得到他呢？如果你得到了他，你就会因此觉得自己更有价值？如果全校公认的"舞会皇后"不仅是你洗澡时的性幻想对象，同时也是你的女朋友，你那些朋友会不会因此认为你更酷了？

现在已经不是二十世纪五十年代了，运动健将和"舞会皇后"不再是高中生唯一感兴趣的对象，我们也喜欢乐队里的家伙、酷酷的书呆子、滑板者等。我认为这些名字指代的并非人，而只是身份的象征。在高中时代，我们都像未定型的软陶，内在没有形状，企图去定义并寻找价值。因此，爱情开始于某人的外表是有道理的——并不一定是他们的心灵或品格。

2. 似曾相识的感受

混乱、冲动、不可预测、应激、控制、需求、依赖、混杂，以上就是我们长大过程中所经历的各种无法定义和归类的关系动态。我们认为这就是爱情的样子，因为我们只看到这些，还没有开始自己的爱情之旅，无法了解其实还有很多其他可能性。对许多人来说，健康的关系是陌生的，甚至是无聊的。

如果我们对自己有匮乏感，就会在别人身上寻找价值和认同，我们在关系中的能量也就更弱。没有谁的家庭是完美的，没有一个孩子能无疤痕地进入成年期。**如果我们只追求过往经历中熟悉的事物，就是在重现创伤，而不是建设爱情。**

在别人身上寻找自己的价值和那些似曾相识的感受（重复原生家庭模式），创造了那种黏性的、不健康的、功能失调的爱情，这种爱情的滋味太酸爽了。

我称之为"小黏"。它由扭曲了的爱情定义和混乱吵闹而颠簸的分岔小径组成，包括不健康的冲突，内化，做不情愿的事情，不敢发声，自我妥协，损害自尊却不培养它。我有提过这种状态很刺激吗？因为关系里充满了戏剧性、忌妒、控制和追逐，我们很容易将激烈误认为是爱。

这不是你的错——那只是你所知道和经历过的全部。

年轻的爱是本能的，就像偷偷去裸泳那样令人兴奋。你不会考虑走出水面后发生的事情。

我们的二十岁：在另一个人身上迷失自我

大部分人二十多岁时在盲目地涂鸦，希望最后能呈现出一幅美丽画作。我们期望从极干净的人生框架出发，直线奔向一个稳定又安全的未来。这是不可能的。那时的我们还不知道自己想要什么，还没有足够的经历去获取构建框架的工具。就像在大学选择专业一样，我们想要一直在变化。一切都是未知。我们以为自己正在路上。

事实上，我们二十多岁时没有固定道路，只有一片布满荆棘和陷阱的大草原，当然也有湖泊和瀑布，可以站在瀑布边做个后空翻，然后跳进湖里。我们大多数人还没有渡过难关，还没能对自己和行为背后的原因产生好奇心。我们仍然像弹球一样在经历中反弹，充满了即时反应。那时的我们只是穿着成人的衣服，赶赴一场负担不起的高档晚宴。

既然我们仍在寻找自己，就先跟着感觉走，而不是跟着对自己有利的信念走，否则我们的选择必会导致一系列痛苦。这种情况非常典型。

比如，进入盲目而空洞的性；上演若干次一夜情，做各种尝试；刻意讨好他人，尤其是在卧室里；草草进入那些极有可能无法全身而退的危险情境；对自己零关怀；单纯企求认可和赞同的生活方式；不擅长表达自己，有意见不敢说出来，也不敢要自己想要的；在不该停留的关系里停留太久，在该停留的关系里却停留太短。

大多数人在这个年龄阶段会开始第一段严肃的恋爱关系。于是一切开始了：在家点餐、在网上追剧，在你沉浸于伴侣的同时也失去了朋友。在之后的某个时候，随着你自然成长并想成为真正的自己，你会感受到情感上的幽闭恐惧，进入了忌妒、控制和愤怒的状态，而另一方还没准备好，不明白为什么你不再"爱"他们了。

二十多岁这个阶段的感情就像经历一场车祸。对许多人来说，他们还会抓紧时间在那个疯狂的赛道上多转几圈。

如果此刻你正在读这本书，说明你可能已经厌倦了这些，不想再在疯狂的飞车上转圈。你想要不同的生活，厌倦了因为年轻而被人评判。你愿意向内探索，想打破旧模式，获得自我意识，以坚强的内在力量去智慧地生活。其实，你可以做到。因为自我提升不歧视年龄，但在乎意图。如果你的心态正确，愿意付出努力，这本书会是整个旅程开始的第一块多米诺骨牌——你启程的时间比大多数人早得多。

我们的三四十岁：寻找真实自我的开始

如果我们的二十多岁是一场车祸，那我们的三十多岁和四十多岁就是在洗车。

我们已厌倦了旧的一切：依赖，混杂，如履薄冰，假高潮，争吵，零沟通，照顾他人，不被听见。

我们渴望一些新的东西。我们终于对自己感兴趣了：我们是谁，我们想去哪里，我们想被怎样对待。

三十多岁时，我们长期埋藏的愤怒和怨恨终于露出了丑陋的端倪，每个人都感受到了这一变化。你的伴侣、朋友、家人、老板、员工，曾经对你重要的事情不再那么重要了，就像操纵木偶的人放开了线。新的事物开始变得重要，比如关乎你和你的幸福的事物。

如今界限已划定，形成了边界。一些朋友渐行渐远，有些则留下了。这也是我们许多人开始练瑜伽、戒酒或开始冥想的时期。

如果你从二十岁早期就开始一段关系，这也是"七年之痒"出现的时期，是人们在关系发展中开始彼此超越需求的阶段。当一方或双方想要不同的东西时，当舒适感不够时，如果有一些人在情感上处于同一阶段，那么他们会共同度过这段动荡和变化，他们会在飞机坠落前一起跳伞。但老实说，大多数人不会这样做。

这没关系。如果你大部分时间始终和同一个人在一起，你会好奇和其他人在一起会是什么样的。这并不意味着你有问题，也许这段关系也没问题，它只意味着你是人类。对其他人好奇和被他人吸引都是正常的，特别是当你还没有和其他人在一起过，而这不仅与性有关。你会对遇到不同的人可能产生的不同状态而感到好奇，你吃了多年同样的饭，味蕾却还在形成中。这不是建议你应该分手或出轨，它只是意味着有好奇心是一件真实的事情，应该探索而不是埋藏你的好奇心。你企图压抑的任何感受总会在之后重新浮现。

没有新的经历，就不会有成长，爱情也不例外。好消息是，你可以和同一个人一起拥有新的经历。但前提是双方都要努力，通过个人的成长、改变和进化来达到共同成长、改变和进化的目的。**如果你希望和伴侣共同成长，你就必须先实现个人成长。**否则，两个人变成一个，你的状态就又回到了二十多岁，那个需要承担责任并处理问题的阶段。

我们三四十岁的洗车之旅与最终实现"成熟"有关，走上一段寻找自我并与自我建立联系的旅程。

当然，每个人的爱情旅程不尽相同，我只是根据来访者故事中的共同主题进行了宽泛的描绘。希望你能在某些方面甚至全部方面找到共鸣。现在，是时候问自己一个最重要的问题了。

我如何创造全新的、健康的爱情体验来超越旧模式？如何在过去不健康的爱情历史之上铺起新石砖，重新诠释我的爱情？

如果你现在正处于一段关系中，这个问题仍然适用。因为关系并不是恒定不变的，它们总在变化、发展和成长，而你与自己的关系也在不断变化、发展和成长。你不必冲进新的爱情里去寻找体验才能给自己新的爱情体验，你可以在现有的关系中去拥抱新的体验。

案例：靴子与激情

曼迪在一个名为"驿站马车"（Stagecoach）的乡村音乐节上遇到了戴维，伽斯·布鲁克斯是他俩的丘比特，因为当他们在人群中四目相对时，伽斯·布鲁克斯正在舞台上表演。从那时起，一切发生得非常快。伴随着杰克·丹尼尔威士忌、乡村爱情歌曲和激情，几个狂野的夜晚过后，他们转眼之间就住到一起，争论着应该如何摆放餐具。

尽管他们之间的性吸引力非常强烈，但他们的爱情语言和对爱情的定义却大相径庭。曼迪的爱情语言是触摸和肯定的话语，戴维的爱情语言则是"只为了性"。这压根儿不是一种爱情语言，但他觉得是。他基于和对方做了多少次爱来定义爱情，如果没有性生活，他会感到不被爱和被拒绝。如果他们有过很多次性生活，他就会感到被爱和被渴望。但曼迪并不享受性爱，她通常只是为了他而做。戴维感觉自己被欺骗了，因为初见时她表现得像是"一个性欲强烈的人"，但一年后他意识到她并非如此。他们来找我做最后的尝试。

"戴维只关心他的靴子和勃起。"曼迪叹了口气。我们开始着手处理，我意识到这与性无关，这关乎扭曲了的爱情定义。戴维一直用性去定义爱。原来他年少时就开始接触色情图像，那些图像始终以某种方式缠着他。在高中和大学参与运动时，他被更衣室里的"男人腔调"所激励，持有类似观点的人会和同样用性来定义爱情的女性谈恋爱，这就是他以前所认识到的。然而真相是，这些女性大多都以某种方式遭受过性虐待，造成她们身心分离，反而变得性欲强烈。而曼迪也遭受过性虐待，只是戴维对此并不知情。曼迪走了另一条路，她不享受性爱。性对她而言是用来吸引男性的工具，而不是带给她欢愉的东西。

一旦我知道了这些，我就知道他们的重点是为自己创造新的爱情体验而努力。用新的体验重新定义爱情，然后再铺设新轨道。随着我们开始这段创造新定义的爱情旅程，迫使他们将目光投向各自的内在世界，探索自己过往的创伤。

曼迪的个人功课是处理她被虐待的经历，与自己的身体和性开始一段新的关系。戴维的个人功课是探索为什么他只会将性和性行为与爱和欲望联系起来，而不是其他可以表达爱和欲望的非性方式。戴维意识到他从未经历过真正的亲密关系，曼迪也是如此。一旦他们都意识到这点，他们就突然站在了同一队伍里，一起渴望着新的爱情体验。

他们开始以新的方式探索性和亲密关系，并且第一次在卧室里进行了性前沟通，更好地理解对方的需要。他们学会了表达自己的需求，也尊重伴侣的需求。随着曼迪慢慢处理好她的创伤，逐步探索自己的性欲，融入自己的身体，她在卧室里也就变得更加舒展和大胆。这不再仅仅是为了取悦男人，现在她想取悦她自己。事实证明她是有性欲的，只是之前被压抑了。戴维通过接吻、说话、慢慢触摸和眼神接触学会了亲密，这些举动都曾被更衣室小伙伴鄙视为"同性恋"行为。他们俩一起创造了新的爱情体验，赋予性和亲密关系以新的定义，并真正为关系重新铺设了轨道。理想的效果持续外延，他们感到作为夫妻更为亲近，联结得更紧密。在新的联结方式下，他们觉得性生活变得更亲密、更令人满足。这是一种新类型的性，不仅是关于肌肤和高潮，还是探索和更深层次的爱。

清理你的关系残留物能带来前所未有的自我意识。我知道自己能与戴维的故事产生共鸣。我过去也曾紧密地将爱与性联系起来，感觉被爱和被渴望是基于我得到多少性爱。这意味着我给前女友们施加了很大压力，即使她们不想做爱也要配合我。直到我开始给自己一个新的爱情体验，回到我开始并处理自己的问题，我才重新定义了性和亲密关系。

我在相亲中遇到过一个女孩，我直到第二次约会才吻她，而且直到几周后我们才发生性关系，这让她怀疑我是否真的对她感兴趣。我通常会迅速而热烈地追求对方，但这次不同，她在我人生中的一个重要时刻出现，那时的我开始渴望更深层的东西。我不知道那看起来或感觉起来是怎样的，此前我总是先追求肉体，但这一次，我希望性爱是副产品，而不是入场券。

我的新体验并不是在一次深刻的有意义的、足以改变命运轨迹的、讨论关于性和亲密关系是什么样的对话中出现的，它出现在一次触摸中。就是那个时刻。这与她触摸我的方式和技巧无关，重要的是她的触摸背后所展现的能量、意图和好奇。我知道这听起来很虚幻抽象，请让我解释一下。我以往只习惯于二维世界里的那种感觉良好，尤其在刚开始接触对方的阶段。那种甜蜜、多巴胺、对方用来取悦你的礼物，带着肤浅的、充满意图的能量。而这次我感受到了不一样。就像能量疗法，这触摸更深入，给我的不仅仅是愉悦，还给了我耐心。这触摸中有一个故事、一种精神、一种开放和脆弱，而我感觉到了。那时我心想，这有些不同。

这是我渴望新事物的开始。

爱有模式

我记得我十二岁时看了部电影叫《摩登保姆》。如果你不知道，我来告诉你。这是一个关于俩书呆子青少年创造出完美女人"丽莎"的故事，他们把电线连接到芭比娃娃身上，让她们头戴胸罩。二十世纪八十年代是个怪异的时代，有很多怪异的电影。总之，在电影里这个娃娃变成了活生生的人并教会了他们如何爱和生活。我记得看这部电影时是我人生第一次渴望一个女人。

我当时就坐在父母的房间里（我在那里看电影），张大嘴巴，紧闭双眼，希望有些奇怪的科学也能发生在我身上。我真的很需要一个女人把我从无聊的世界里拉出来，向我展示一个新的世界，但凯莉·勒布洛克从未走进来，只有我妈妈进来问我是否饿了。

这件事让我印象深刻，不仅是因为凯莉的嘴唇和曲线与十二岁男孩日益增长的好奇心，还因为我想拥有一个新型朋友的想法。一个让你感觉不同的人，一个会照顾你的人，一个理解你的人。这成为我潜意识中的第一个印记，如果我找到别人（一个女人），她会带给我幸福，我会变得有价值、被接受，其他十二岁孩子都会忌妒我。不想独自一人的漫长人生旅程开始了，我将在接下来的三十年中寻找我的"丽莎"。

对你来说，这个标志性事件可能不是从二十世纪八十年代一部关于娃娃变成超模的电影开始的，但它肯定得从某处开始。也许是看到罗密欧和朱丽叶愿意为彼此死去，或是所有迪士尼公主电影中的女性都需要被男人拯救，最后获得幸福结局。或者目睹落汤鸡一样的瑞恩·高斯林在《恋恋笔记本》里坦露他永恒的爱。或是你父母正告诉你需要去找个伴侣组建家庭并快乐地生活。当然，如今的社交媒体也在向我们额外施压。订婚，婚礼，异国蜜月，拍摄情侣环游世界、互相喂食比萨的照片，秋千上的孩子，完美的小家庭。但我们都知道那只是表面而已，就像一个巨大的滤镜。白色围栏是有刺的。关系的维护需要投入大量时间和精力，没有任何关系是完美无瑕的。但我们仍然相信这些表象，并因为自己的生活看起来不如周围的完美而感到自卑。

所有这些都驱使我们去寻找爱情，去找"那个对的人"。我们把生活寄托在搜索上，它成为我们的圣杯，但我们从未了解过程中的小步骤、真实关系的动态以及如何拥有一个健康的关系。我们对依赖、依恋风格、健康边界这些概念完全无感，也不懂我们为什么在爱情中会有这样那样的表现。我们只是被扔进森林，然后从跌倒中学习。我们没有任何工具或知识，也不知道健康的关系到底是什么样子，我们完全凭借感觉和习惯去爱。爱情变成了下意识的反应，来自我们伤口的反应，目的是填补自身的匮乏。

我们基于从父母那里看到的爱情来定义爱，而父母的爱情通常是功能失调和不健康的。所以我们会陷入充满依赖、忌妒和控制的不健康关系，对许多人来说，甚至还会遭受身体和情感上的虐待。我们开始失去自我，但我们仍然停留在这种状态之中。我们相信这就是爱上一个人的样子，即牺牲。直到有一天醒来，镜子中的两个人都不认识了，你的伴侣就站在你身后刷牙，完全不了解你的真实感受。这一切只因为你太害怕一个人了。

在后面的章节中，我想给你提供一些没有人教过我们的工具，你可以用来为自己定义什么是健康的关系以及与人健康相处应该是怎样的。这一切都始于清除掉心灵的蛛网。

被一首歌拯救

我坐在车里，因为无处可去。外面下着雨，天很暗，就在几分钟前，我妻子在我的电脑上发现了色情视频。她成长于保守的家庭，我看色情片在她看来就像是对她的背叛。我不停地回放着她脸上失望和伤心的表情，我只是坐在那里，思考人生。

那段时间，看色情片对我来说是常态，这是我应对生活中没有好事发生的方法。我的婚姻正在破裂，我的编剧事业一事无成。看色情片是麻醉自己唯一的方法，但那并不是借口。我对她撒了谎，我告诉她我不看那些东西，但实际上我看了。

随着雨点落下，我第一次怀疑自己是否有问题。我父亲是个酒鬼，所以我知道成瘾也存在于我的血液里。那是我一生中的最低点，我感到如此孤独和无用。我记得只是坐在车里，茫然地盯着车外的虚无。这时，收音机播放着特蕾西·查普曼的歌，"如果你知道你今天会死。如果你看到了上帝和爱的面容，你会愿意改变吗？"感觉她在直接对我说话，就像她知道我的故事，创作了这首歌在那确切的时刻呈现给我。我坐在那里回顾我的生活，我是有多不快乐。然后，突然雨停了，好像天空想要我回答它的问题。一个颤抖的答案从恐惧和痛苦的轰鸣声中浮现出来。

"是的。"

很快，我参加了性成瘾者匿名（S. A. A.）和爱情成瘾者匿名（S. L. A. A.）的会议。我又开始看心理治疗师，我开始阅读自助类和关系类的心灵成长书籍，想要去了解自己。我意识到自己的爱情观是扭曲而不健康的，我以为爱意味着"如果我倒下，你也会跟我一起倒下"，反之亦然。我以为爱意味着我们俩变成了一个人。

我记得在我的婚姻中发生的一件事。在片场工作一整天后，我妻子想和她的合作演员一起去他的酒店房间里闲逛。那是一个庆功会，还会有其他人在场，不会只有他们两个。但我记得我不赞成这件事，并告诉她"已婚人士不会这样做"。我毁了她那个特别的夜晚——一个大型电影项目的闭幕式——通过过度反应和用婚姻来掩盖我的依赖性和不安全感。我有好多次因为缺乏自我意识而表现出强烈的控制欲，这只是其中一次罢了。

我对爱的定义和我爱的方式来自我一生所背负的愿景，这些愿景由我父母和他们的文化勾勒出来，然后通过其他爱情经历中的恐惧和规律被一次次地强化，当然也被更广阔世界里收到的类似信息所强化。我没有任何工具，没有练习自我意识去获得主动权，只能透过自己当时有偏见的视角来看待世界。我总是防御性的、反应式的，只会突然伸手去拿，却不懂得稳稳地握住。我不知道原来维护一段关系意味着不断地向内求，表达自己的真实感受，并为伴侣撑起一个安全的空间。直到十年后，经过多年的治疗和更多次失败的关系后，我才最终获得了这些工具并付诸执行。

我第一次向内探索和为伴侣创造安全空间的记忆是，当时的女友回家说我最近没有很在意家里，我记得自己立刻就进入防御模式。我当时正处于精神压力期，需要支付包括她的账单在内的所有账单。这一次我没有试图被理解，而是试图去理解她。她是对的。当我们在一起时，我总在深思或玩手机。我没有像往常那样为自己辩护，而是道了歉。我意识到如果我为自己辩解，就无法为她的表达需求创造出安全空间。之后她会压抑感受，我们就会开始疏远。

我曾经认为爱意味着你喜欢某人，因为他很性感，而且一切都会因为你们彼此深爱而变得美好，这就是全部。爱会克服一切，对吗？但，那不是爱，那是我多年前大脑接收的一个童话故事。承担责任并创造空间才是爱的意义，放下防御向内探索才是爱的意义。这些不会在大事件中发生，它发生在日常琐事之中，就像上面的例子。她和我之间没有很大的问题，她只是希望我更专注于感情，这是一个简单的请求。如果我还是老样子，就会演变成一场让她感到不安全的情绪化的争论。那一次我意识到自己已经成长了。

那个坐在车里听着特蕾西·查普曼的时刻是开始也是结束。我参加工作会议时开始诚实地审视自己，我做了人生中第一个决定，编写剧本不再使我感到快乐。我之所以写剧本是出于错误的原因，只是按部就班地做事而已，它没有给我一种使命感。于是我回到研究所学习心理学，成了一名治疗师。我想，如果我不能靠编剧的方式批量感动人们，我就一个一个地去做。与此同时，我的妻子也在她的职业生涯中取得了进展，她接连不断地接项目并经常出差。我们越忙就越疏远。终于有一天，她通过 Skype 联系我要求分居，不久又变成了要求离婚。

阅读这篇文章的许多人可能正在经历一次分手或我所说的"过期关系"，或者你现在正处于一段新的恋爱关系中。由于你还没有从上一段关系也可能是上上段爱情中走出来，所以难以完全投入。也许你告诉自己你已经放下了，但你内心深处知道其实还没有，因为一切都还影响着你现在的关系。你意识到需要做些什么，但不知从哪里做起。不管是哪种情况，我们都会经历过期关系。

大多数人不知道如何应对一段过期关系，糟糕的是并没有统一公式可归纳。基于每个人的经历不同，过期关系能产生的影响程度各不相同。也许通过分享我和来访者所经历的事情可以帮助你看到一些你之前没看到的东西，或帮助你重新构思，或激发你、促使你开启一段旅程。因为只有放下旧事，才能与他人建立健康和可持续的关系。

真正翻篇

我不是很喜欢"翻篇"这个词。我的意思是，如果已经四年了，那么确实是时候继续你的生活了。但通常，我们在分手几周后就施压要求自己"放下"，这贬低了分手对自己的影响深度，也增加了一个计时器，以及"放下"的压力。以前那段感情里发生的一切，无论好坏都是你个人故事的一部分，也因此成了你自身的一部分。如果你拒绝故事的这个部分，你就是在与自己的一部分断开。也许你这段过往的关系是有害的或带虐待性质的，但拒绝它、撕碎它、不去看它，这不是在愈合，反而是在维持那团火焰。愤怒和伤害将继续发光，如果你真的想放下，那就从接纳开始。

接纳是任何事物疗愈的开始。当我们不接受某事时，它会像病毒一样继续增长。我们也许能通过关注其他事情将这事暂时埋葬，但它最终会浮现。拒绝它、否认它、假装它从未发生，或将它对我们的影响最小化，所有这些行为都代表着你还在喂养它并让它继续增长，直到它足以对自己、他人和下一段关系造成破坏。无论是经历失业、疾病还是一段已经结束的关系，接纳都是第一步也是最重要的一步。

接纳不意味着你想和前任复合。如果你真想复合，也得接纳"你想复合"这个真实感受，由此作为起点，开始后面的旅程。你需要接纳事实：你曾那么受伤，由此开始哀悼这段关系的消亡。你要接纳"这不是你的错"。或者"这就是你的错"，这样你就可以学会承担责任，并在下段关系中做到更好。接纳在某种程度上意味着原谅，某种程度也意味着界限。问问自己你需要开始接纳什么，接纳对你意味着什么。记住，接纳是一个过程，它需要时间，不是一个周末就能做到的，重要的是你开始了这个过程。

当你开始接受一切，自然就能健步前行。我要给你另一个新定义：**你不是在前行，而是在穿越**。你不是在街角拐了个弯。这是一段旅程，旅程是需要持续一段日子的。每次旅行都会发生变化，最后回到村庄的你会发生变化。必须经历这个过程。你在哀悼，感到难过，感到愤怒，并且允许自己这样做。你已经看过那场撞车并为自己的那部分原因承担责任。你已经检查了黑匣子，接受教训并将其应用于生活。因为过往所发生的一切，那些从爱、生活中所学到的，从自我中所学到的，使你成了更好的自己。

接纳能让你穿越过去放下执着，专注于眼前。你终于能把另一只脚从黏糊糊的过去里抽出来，双脚稳稳地站好——你正在建立与自我的关系，然后建立与他人的关系。

让我们深入了解"穿越"在实际行动中是什么样子。

案例：爱情失去魔力

杰西卡在 Instagram 照片墙有大量粉丝。她举重，骑摩托车，记录了很多炫酷的事情，这意味着她离"放下"只差几条私信。她联系我的时候，说她正在经历第六段过期关系。杰西卡用三个月就能忘记一个人，然后和下任在一起的周期差不多也是三个月。但这一次不同，已经七个月了她都无法"放下"前任，也没有想和其他人在一起的愿望。"就好像我的身体坏死了一样。也许它试图保护我，想告诉我一些事情。"她一定觉得很尴尬，因为她开玩笑时我面无表情地瞪着她。实际上她可能是对的。她身体"不能兴奋"的这个现象在暗示什么。我相信她的身体试图告诉她一些事情，一些她不想听的事情。或者她直到现在还没准备好去听。

当我们一起处理这个问题时，我了解到杰西卡是由单身母亲抚养长大的，她有一种错误的信念，认为男人总是会离开。她的父亲只在她生命中出现一瞬就消失了，自那以后，她再也

134

没见过父亲。在她早期的感情经历中，男友要么欺骗她，要么离开她。随着她长大，她开始在男人身上失去自我，她会做任何事来阻止他们离开。这意味着她会压抑感情，忽视警告，总是把对方的需求放在自己之前。当然，他们中的大多数最终还是离开了，这使得她的心变坚硬，加强了错误信念。到了快三十岁的时候，她的感情关系平均只能持续六个月左右。从那开始，他们没有离开，而是她离开了。

就像脱衣舞娘利用舞台找回力量一样，杰西卡利用Instagram照片墙让自己感到被需要和被渴望。粉丝越多，她就有越多的追求者。她会和他们中的很多人约会，然后在他们离开之前先离开他们。我问她是否曾经恋爱过，她承认在她成为"网红"之前曾陷入过两次爱情。我们一起回顾这两段关系，我意识到这是她第一次真正谈论这两段感情并将它们视为损失。但她从未为这些关系哀悼过，相反，她只是切换了开关，决定"继续前进"。在那之后的多次会谈中，我们只谈她的损失，帮助她接纳过往情感经历，回顾每位前任带给她的欢愉，他们曾经与她联结的力量。他们不是坏人，他们只是当时和她一样，都很年轻。

当一段关系结束，总会失去什么。有人处于痛苦、恐惧和愤怒的情绪中，很多人看不到或不想看到这一点。我们不接受逝去的感情里美好的部分，我们不允许自己怀念它们，因为那意味着他们或那段关系仍然对我们有影响力。但这其实不重要，两个曾经分享了心灵的人都尽力而为了，即使关系不够健康，也是真实的。那里有真实的回忆。无论这段感情有多糟糕，总还是有过充满魔力、联结和欢笑的时刻，而你失去了这些时刻。

　　如果你不为失去的关系哀悼，并允许自己感受你所失去的一切，只是一味地压抑它，总有一天你还得以其他方式来应对。如果不是通过性、药物或食物，也会是跳跃式地从一段关系传递到下一段关系，那些你没有去哀悼的过往都将成为病毒被你带进其他关系中。

案例：过期关系

　　有些来访者你就是不喜欢，他们让你感到非常厌烦，但你无法确切地说出原因。是的，他们防御性强，好争辩，也不愿意下功夫，但这不是你不喜欢他们的原因。不喜欢不是因为他们所处的位置，而是因为你不喜欢他们的本性。他们可能是你在"现实生活"中不想去相处的人，他们不断回来找你，这是最让你烦恼的。作为一名治疗师，你不能告诉来访者不要再来，因为他们让你感到烦恼。我的意思是，如果你这么跟来访者说，结果就是你的名字会出现在治疗师杂志的最后几页，那里罗列着所有失去执照的治疗师名单。

乔恩就是这样的来访者。他来并不是为了自己，他是被送来的。在我的世界里，这种情况很常见。通常男人是被他们的女友或妻子送来的，她们认为是在把她们的男人送到行为训练营，然后他们会神奇般地带着礼貌、情感沟通技巧和对生活、对伴侣全新的欣赏态度返回。乔恩说他妻子在"达克斯的播客"上听到了我，他则没有听过，他妻子认为我可以给他一些"关系的窍门"。

他每次说事，从嘴里冒出第一个词的时候就已经冒犯到我了。为什么他一定要提到没在"达克斯的播客"听过我的节目？（顺便说一下，这个播客叫作"扶手椅专家"，不是"达克斯的播客"，说得好像他和达克斯私下认识似的。）我告诉你为什么，因为他想让我知道我并不比他好一点点。当然，他向我寻求"关系技巧"。心理治疗遇到他这种人实在是太难展开了。他的用词让我听起来像是一个驯狗师。我宁愿他进来就说："听着，金博（金的昵称），我不相信心理治疗，我不相信你。我之所以会在这里是因为我妻子在床上不再像原来那么配合我了，快帮我解决这个问题。"如果他确实说了这些话，我会非常喜欢他。这种诚实会打破很多堵墙。

结果他直到许多次会面后才认可了我。他从来没有接受过心理治疗，因为他不相信。他那个时候不喜欢我，只是因为他妻子在社交媒体上关注了我并听我的播客，甚至买了我的一门与感情关系有关的音频课程。（他还非得特意强调说他没有听。）这一切的问题不在于妻子，而在于丈夫无法在婚姻中全身心投入，因为他还没有结束上一段关系。

让我们称她为萨莉，山谷里的萨莉。乔恩在他们二十多岁的时候遇到了萨莉，这是一种黏糊糊的相互依赖的年轻爱情，就像我之前提到的，你在对方身上迷失了自我。但由于乔恩从未接受过治疗，他不知道那不是健康的爱情。他只记得那段关系是多么强烈，以及萨莉有多乐意配合他，但她真的喜欢吗，还是她害怕失去他，认为这是一个好女友应该做的事？我从未见过萨莉，但我很确定她并没有像他声称的那样对他的阳具着迷。

当我们继续处理他和萨莉的关系时，他承认分手这事给了他多大伤害。他意识到自己从未真正哀悼过那次失去，从未接纳这段过去，也根本没走出这段记忆。相反，他把之后所有其他关系都与山谷里的萨莉相比，因为那段关系给他留下了最深的爱情印记。

他终于允许自己充分感受那段过期关系带来的所有痛苦。当我们沿着这条线索深入挖掘时，发现了他在成长过程中更多的旧伤口。由于母亲是酗酒者且不断更换男性伴侣，其中一个很坏的男人欺凌乔恩并给他留下了扭曲的男性定义。他意识到他与萨莉的关系实际上是多么不健康，开始质疑这是否真的是爱。他终于看到了真实的回顾纪录片，而不是自己给自己一遍一遍播放浪漫电影的预告片。这个结论给了他全新的视角，让他重新珍视现在的女友以及他们共同建立的东西。有了这个新的美好前景，他才能够完全投入，能够创造新的爱情定义，不再与他人比较，而是有能力去建设全新的、鲜活的、健康的、真实的感情。

给你带来抵抗性的来访者有两个特点：一是你意识到你实际上是喜欢他们的，尤其是当你一旦看到了底层，一个真实的人，一个真实的故事；二是你意识到他们给你带来抵抗是因为他们让你想起了你自己。乔恩的故事深深触动了我。我能够理解他正在经历的事情。我也曾将我的关系与之前的关系做比较，因为年轻时爱情的感觉太强烈了，就会拿当前的感情与旧的印记做对比，却没有意识到那种功能失调的感觉就像可卡因。那是我以前所追求的，那不是爱，因为真正的爱不会让你惊讶。真正的爱会拿起一面镜子。

下一段

我终于准备好再次约会了。通过工作和自我连接，通过在CrossFit 的锻炼与身体联结，我找到了自我的感觉，一个亚洲人朋友以及对新爱情的渴望。除了在韩国城夜总会舞池上一次凌乱的接吻和在几个派对上偶尔的调情之外，我找不到任何能建立联系的人。单身真糟糕。

与此同时，我在 Tumblr 上开了一个博客，那时 Tumblr 还很流行。我把博客命名为"愤怒的治疗师"。我觉得治疗师会愤怒这件事很有意思。与其说有意思，不如说挺让人悲伤的。我人生大部分时间都在愤怒，这种愤怒就像一堵巨大的砖墙，阻止我了解自己。通过博客去表达我的真实想法，我慢慢开始破除这堵墙。我通过这个小博客开始发现自己。"愤怒的治疗师"成了我的秘密激情，一个只属于我的数字日记。我没想到会有人阅读它。

在发布帖子的间隙，我会浏览动态。有一天，一篇帖子吸引了我的注意。某个在日本南部的漂亮女孩发布了每日一练，她在自己的社区里倒着跑。这引起了我的注意，因为这是和综合健身有关的事情，外加她是一个讲流利日语的白人南方女孩，我觉得这很酷。好吧，还有她那浓密的长发和柔和的棕色眼睛，但她已经有男朋友了，所以我没有任何企图。真的，我更着迷于她所待的日本和那里的文化。我一直想去日本。

所以我们成了"网友"，会在彼此帖子下评论。她想得到她情感关系的建议，因为那段关系即将结束。我没有把这事看成是机会，建议逐渐变成了关于生活、爱情和梦想的冗长的电子邮件来往。这样持续了几个月，与此同时我也在寻找自己，我刺了一些新文身，买了一辆摩托车。与此同时，她和男朋友分手了，她决定搬回佐治亚州。我们继续给彼此写长信，就像被战争分隔两地的恋人。除了我们不是恋人，其他一切行为都很像在恋爱。直到有一天我终于能去佐治亚州见她，在某个餐吧的露台上我们接吻了。这就成了一段遥远的异地恋，直到六个月后她终于下定决心搬到洛杉矶。

我们在接下来的两年半继续交往。她很温柔，很善良，比之前任何人对我都好。她让我感觉自己非常重要，我在任何关系中都从未有过这种感觉。她给我做虾和糊状玉米粉，用双手拥抱我，支持我的工作。她给我创造了一个安全的空间，让我感到有价值。她是第一个坐在我摩托车后座的女孩。她从事艺术，我写作。我们那时年轻又自由，我感觉我们的爱情就像二十世纪六十年代的电影。

后来这种感觉开始消退。我们各自成长并逐渐疏远。或者我应该使用"我"来进行陈述，就像鼓励我的来访者那样。是我，不是她。我感到困惑。我的心不再在那里了，我也不知道为什么。可能是这场恋爱投入得太认真了，我其实还没准备好安定下来。我不知道究竟是怎么了，但我发现自己开始批评她、挑剔她，我在故意搞破坏，欺负她，或者测试她会不会为自己挺身而出。我不知道自己是怎么了，但我不喜欢当时的自己，那时我就像一个不愿意把饭吃完而闹别扭的孩子。

感情发展到这个地步，我没有去直面自己情感断联的问题，反而任由自己越漂越远，将原因归咎于两人之间的化学反应变淡了。我退出了，决定结束这段关系，这是我做过的最艰难的事之一。不仅因为我们的关系在技术层面没有问题，而且因为她完全没有预料到。突然结束一段关系可以算是一种暴力行为，我知道，我在来访者身上看到过这种行为背后的影响。我突然成了那种给人制造伤害且那个伤害严重到需要去看治疗师的混蛋。

直到分手一年后，我才在一次个人治疗中忽然意识到，自己当时不仅仅是个混蛋，而且还在有意地寻找漏洞执行自我破坏，因为在潜意识里我将这段关系与之前的婚姻在做比较。这是我离婚后的第一段感情关系，这段关系带来的感受没有上一段婚姻那般强烈，我错误地将"缺乏强度"定义为"缺少爱"。其实，这段关系的感受不那么强烈恰恰是因为它更健康了，我也成长了。但是，我真的成长了吗？

成长的问题在于它不是一个恒定的过程。仅仅因为你已经在自我提升上做了工作，并不意味着你已经完成了提升还不会反弹。**我们就像橡皮筋一样会反弹，所以自我提升不是一次性的事情，而是一个永无止境的过程。**基于我们正处在生命的某个阶段，正经历哪些事情，感情关系是否牢固，我们不断地与自己建立联系和断开联系。

人们以为当自己进入一段感情关系后就不需要再努力了。你完成了，你成功了！你找到了某人，到达了目的地！感谢上帝！你不再需要"和自己约会"（也就是说努力提升自己）。但实际上，处于一段关系时，你比单身的时候需要更多的自我工作，否则你有很大可能又变回自我提升之前的自己。

我来给你解释原因。首先，显而易见的，你过去投入在自我上的时间现在需要拿出来与另一个人分享，这是全部的原因，难道不是吗？你选择与某人分享你的生活，所以你应该这样做。但当日常规律和计划交织时，感情关系中的事情自然成了最优先处理项，而不是像单身的时候你总把自己排在最优先的位置，这意味着你轻易就刹住了与自己联结的单车。在关系中，你会很容易忘记自己需要独处的时间来充电，你单身时从未错过一节最爱的瑜伽课，但现在一切都是妥协。你先做你的伴侣喜欢的事情，然后再做你喜欢的事情；你们先去他最喜欢的餐馆，然后再去你最喜欢的餐馆；你们先去看她最喜欢的电影类型，然后再看你喜欢的电影类型。但愿双方还有一些共同的喜好，否则你们没法儿处到一起。这是在关系图表中被标记为"共同"的阴影区域，从食物到价值观到人生方向，你们不共享的阴影区域被称为妥协，所有的关系都有这个区域。这是一个健康且正常的事实。然而，妥协和自我妥协之间是有区别的。为什么当你在一段感情关系中时，你仍需要继续踩动踏板骑你自己的自行车，为什么故意单身这个建议不只是给单身者看的，以上这些都是不明显但反而更重要的原因。

当你单身时，你只需要处理自己那些烂摊子——不良行为的触发原因、成瘾行为、不健康的牵引、思维模式和所有那些让你停滞不前、将你困在昨天的行为。当你处在一段关系中时，你不仅要处理自己的问题，还要处理别人的问题。这不可避免，因为每个人都有问题。如果你有故事，你就有问题。你处理了多少问题，取决于你对自己下了多少功夫。

问题是，一旦停止努力，人就会开始漂移。问题先从自己开始，你开始向自我妥协，开始重新谈判，你又回到旧模式。你反弹，你与自己的关系开始崩塌，越来越不了解今天的自己。你感到困惑，不知道自己想要什么。你对自己的感觉不好，感情关系的状态就起了变化。你开始与伴侣疏远，或者伴侣开始疏远你，也可能两者皆有。这就是大多数夫妇最早开始失误的地方。当他们停下了各自那辆自行车，不再建设与自己的关系，就会直接影响到夫妻关系。

请回想一下所有那些在自我成长道路上的时光，你是如何变成更好的自己的，谈恋爱后却发现自己又退回了原点。人人都会陷入这样的循环，哪怕是治疗师也没法儿例外。

最糟糕的分手方式

到今天为止，我已经离婚四年了。我建起了一个部落，有了自己的摩托车和一起练 CrossFit 的杠铃朋友。我有山姆、乔伊和罗纳尔多——我的"可丽饼和卡布奇诺"朋友，这些朋友是能和我一起喝咖啡、聊知心话的人，我们会谈论男人通常不会聊的话题，比如我们对自己的感觉。我也有几个女性朋友，离婚前我从未有过这样的女性朋友。我的前妻有无数男性朋友，我对此总是感到忌妒，现在可以追赶一下。和女性只做朋友而不想要更多，这感觉真好。当然，这状态没维持多久。

有天晚上，其中一个最要好的女性朋友带我出去庆祝我的生日，我叫她帕特里夏。我们在 CrossFit 相遇，当时我们俩都在修炼自我提升并因此变得很亲近。我们很有共同语言，她也离了婚，来到洛杉矶重新开始。她曾梦想在好莱坞从事 3D 艺术家工作，但那个梦想逐渐淡化，她发现自己受到街头艺术的召唤，对此显现出更大的天赋和热情。我们在我生日那天出去玩，以接吻收场。更准确地说，我只是喝了一杯啤酒（足够了）就吻了她，她也回吻了我。情况通常是这样的，当你有友谊作为基础，事情就会发展得异常迅速，就像你俩的关系爬进了千年隼号，你们的关系以光速前进。

我们搬到了一起，养了一只会模仿 Dr. Dre 的曲子《下一章》吹口哨的鹦鹉。我留起了长发，这是我一直想做却因为无法忍受中间阶段而一直没能实现的事。我们一起去购物，一起锻炼，一起在洛杉矶各处喷绘街头艺术。我们打开了一个全新的世界，一个没有评判和"应该"的世界，这是每个男孩想要成为男人的梦想成真的时刻。我以前过早接触色情片，因此产生了一直摆脱不掉的羞耻感。她帮我瞬间卸下了多年悬着的羞耻感，更重要的是，她让我觉得这些都是可以被接受的。

这是一段强大的关系。我感觉我们就像两个逃学的孩子，没人需要理解我们，我们只需要理解我们自己。她是一个了不起的女友，一个美丽的人。我们都是从爱情隧道中走出来的，都具备一些意识和方法，终于我们像成年人一样负责地恋爱了。我们都还保有自己的生活，我们表达自己。我终于有了自我感觉，终于与自己建立了联系。我知道自己是谁，将要去哪里。我正在建立一个生活，不再围绕着追逐闪亮的名利，而是建立一个有意义、有目的的真实生活。我们的关系具备了健康和可持续发展的所有条件。

或者我以为是这样。

这情形如同身陷旋涡而不自知，等你反应过来的时候都不知道自己漂移了多久多远。我们的关系没有错，没有不好，没有人犯错，没有不健康，没有尖叫争吵，没有打架，没有不忠。我们只是两个与自己断联的人。

作为一名治疗师，我可以告诉你，漂移的背后总是有原因的。是的，我想知道整整两年我像废气管一样生活，伴有失眠和抑郁症，这些对我们的关系产生多大影响。我想知道她花费大量时间帮助我建立业务时，到底怀有多少愤怒和怨恨。我想知道除了要求卧室里有玩具和眼罩以外，自己对超越的东西到底有多渴望。当她承认不再喜欢我的长发时，我就知道哪里出问题了——不是发型的问题。她总是难以表达自己的感受，我也总是难以表达自己的很多感受。我知道我们的关系出了问题，但我没及时处理。我累了。突然之间，变成更好的自己就像一块大大的广告牌，我不想从前面经过，于是我选择了其他方向。

接下来我知道的是，我们相互拥抱，不受控制地哭泣，因为我要搬出去了。在那一刻，我反思自己：是否有一种规律？每段关系持续两到三年后我就会"漂移"。我的每一段关系似乎都只持续了三年，而且都是我提出结束的。这些事情的背后是否还有什么更深层的原因？也许我没将这段关系与之前做比较。也许我没有保持一夫一妻制的能力。也许我只是追逐高潮，当它消退时我就离开了。我是个伪君子吗？我满嘴胡说八道吗？

又或者我的感情关系就注定该这样发展？

我知道我在寻找更深层次的亲密关系，她承认她所挣扎的是需要给予我超越肌肤之亲的部分，但我只知道这些。总之，我再一次离开了。就是这样。我希望她会恳求我留下，但她没有。我把这件事贴上了"待她不公"的标签。我本应该尝试去解决问题，但我搬走了，我跑掉了。后来她告诉我，她以为这只是一次分开的尝试，我会回来的。我不知道她原来是这么想的，如果我当时知道她这个期待，结局会有所不同吗？

搬离她家的两周后，我还是吻了另一个朋友，我和帕特里夏都认识的朋友。她是一个瑜伽"网红"，她让我再次感到被需要。我当时并不想找女朋友，我们都在经历过渡期，我感觉与她有所联结。说实话，我很孤独，期望有人来证实我的感受。我确定就是那晚满月的错，而我也真的不愿面对难事，比如一个人就挺难的。于是我选择了一条更容易的路。

不知怎么的，我就来到了夏威夷，在海滩上做徒手倒立，认识了这位瑜伽朋友的全家。一切发生得太快了，我压根儿没准备好，我只是在追求认可理解和极度被需要的高潮感觉，那是我匮乏已久的感受。当然，当帕特里夏发现这事时，悲伤的云旋聚成了飓风，事情变得一发不可收拾。我试图找借口，因为从技术层面分析，我当时就是单身，但这借口一点也不酷。和对方在一起三年，至少应该配得上一个逾期付款期。在某个周末夜晚去海滩和伴侣的共同朋友亲吻之前，至少应该尊重这段过期关系。我懂这个道理，但我的行为不符合这个道理。

我和这个瑜伽女孩的关系只维持了几个月。有天晚上，我突然意识到某种出于内疚的恐惧感向我汹涌袭来，我意识到那种投入事物过快的欲望，也意识到自己深深伤害了帕特里夏，所以我觉得和这位瑜伽朋友各走各路也许是最好的结局。我再一次需要一个人待着。

★ 行动指南 ★

就像匿名戒酒会的十二个步骤，当你宣布自己是单身时，就需要采取一些措施。这不是一种广告，而是对自己的承诺，你将因为所发生的事情而变得更好。所以单身不仅仅是一种状态，更像个选项，你可以利用这段时间去学习恋爱课程并学会成长。

第一步：接受事实，你的关系已经结束

我知道这听起来冷酷无情。毕竟感情关系不是牛奶，一过期就可以被丢弃。我们谈论的是一个人类，

她把内心世界完全向你敞开。所以要健康体面地分手，这需要你去重新架构，让思维方式做出转变。这样做可以帮助你接受事实，还能及时放手。

分手最难的地方是，总在想是否还有其他更好的分手方式。如果我这样做呢？如果她更像那样呢？如果……如果……如果……这让我们持续抱有希望，这感觉一塌糊涂。在这种时候容易总是去回放精彩片段，而不是真实生活的纪录片。我们淹没在情感中，质疑自己是否做出了正确的决定，或者是否可以做得更多。所有这些事情都让我们在分手的路上停滞不前。

你的关系已经结束，早一天晚一天都不重要。这段感情已经走完了它的路。不是因为你或同伴，就一个原因：它到了过期日了，而你必须相信这一点。

第二步：断开联结

我前妻给我的最大礼物之一是在沙地里画了一条深深的线，这是一条严格而坚定的界线。当时我不懂得欣赏这点。她逐渐减少所有的沟通，短信、电子邮件、电话。那感觉太冷酷无情，我不明白怎么能从认识十年突然变成陌生人。而我的"冷漠"则部分来自我无法成为一个独立站立的男孩。她画下界线是因为需要空间保护自己，这也许是她一生中第一次想要继续前进。感谢上帝，因为我当时太柔弱无力。我曾想要与她保持联系，抓住她的腿不让她走，是她的毅然断联迫使我走上了自己的旅程。

这件事情没有其他解决办法。你必须取消好友、不再关注、不再订阅、不发短信、不打电话、不留语音信息，你必须放手。也许并非永远不见，也许有一天你们还可以成为朋友，但除非你现在给自己留出空间，否则那些是不会发生的。如果不这样做，你就只是在重新撕开伤疤。你在抓着两个人质：前任，还有你自己。如果要尊重你们之间发生过的这段感情，也尊重交往中发生过的一切，那就也请尊重这段感情关系里注定的过期日吧。去画一条坚定的界线。

如果你们共同有个孩子怎么办？

你们要沟通，去达成共识，尽可能确立健康的边界，否则情况可能会变得不堪。当我们被情绪劫持时，我们可能会把孩子当作棋子，即便这不是故意的。如果我们的情绪是头大象，我们的逻辑就是骑在象背上的骑手，大象将走向它要去的地方，设定界限是至关重要的，否则疗愈就无法展开。没有其他的办法，给彼此留出空间才能开始疗愈。如果没有空间，你会无法前进。取而代之的是，你们俩会因为这段关系的残留物而被镣铐束缚住双脚。

如果你的前任不想沟通怎么办？如果他或她只是在玩游戏怎么办？如果他们太愤怒或你太愤怒怎么办？

找一个调解员或一位婚姻关系咨询顾问。不是为了修复关系，而是为了帮助你们确立健康的界限，在彼此尊重中前进。确保大家都对这点非常明了，否则只会制造再次受伤的空间，或者导致各种情绪反应。如果你不能为自己做，那就为你的孩子做。提醒你的前任也要明白这些。

无论多么困难，都要记得从爱出发。无论你对发生的事情感到多么愤怒或不安，无论是虐待、不忠，还是只是两个人的漂移，都不要活在过去的事情里。给自己一些个人空间去处理，然后开始治愈，这样你就不会被拽回到以前关系的状况里。

如果你无法尊重那个人，那就去尊重这段关系的终结日。有你，有他或她，还有你们共同建立的东西。这段感情关系已经结束了。不要传播流言蜚语和发泄愤怒，不要把你们的孩子当作拔河绳。通过画定健康的界线，通过坚守在你那边，来尊重这段感情的消亡。

第三步：主动担当

这是我们经常忘记的一步，也有可能从这一步开始逃避。但它其实是最重要的一步。

大多数人都会指责对方，迅速指出前任的一切错误。这些在关系里被重演过无数次的指责只会让我们陷得更深。如果这样做，你就把自己放在了受害者模式，对发生的事情无能为力。许多人的确是受害方。如果你曾经在感情关系中被虐待，无论是身体还是情感的虐待，你都被伤害了。

有些东西被夺走了，自尊、声音、价值感。这不是你的错。

但很多关系不是非黑即白的。他们有时很糟

糕，但你可又曾完美过？与其感受一段过期关系的痛苦——别忘了，一段关系总是涉及两个人——不如把对方妖魔化更容易。这能让你感觉好受些，但你也忽略了自己所扮演的角色——这是为重复表演做好准备。指责而不去承担过往感情中的任何责任，你就还是活在过去，并没有为更好的未来创造基础。

避免历史重演的方法就是承担责任，这能让你获得力量，让你重新与自己联结。如果不承担责任，就不会有成长、学习和进步。

我没有做到每次分手后都去主动承担责任。在与玩街头艺术的女友分手后，我没有好好和自己相处，而是直接跳到两周后，开始与一个她认识的人谈恋爱。我知道这种事情常有，那也是人们预约跟我咨询的原因，但我不认为要用这种方式伤人。我那样做的时候正是非常孤独的阶段，我当时自私又困惑。而且我错了。

当我承认这一点时，我从中成长。我用红色记号笔圈出它，也提醒自己我是人。承认我错了这个举动能让我学会接纳发生过的一切，从中学习，渴望变得更好。如果我处于防御状态，乱找借口，从逻辑上说服自己和其他人为什么不是我的错，我就不会为成长创造任何空间。我会逃避自己，而不是向自己靠近。我只是继续往前走，而不是真正的穿越。

第四步：专注于你自己

当一段关系结束时，我们想要尽快跳入另一段关系（根据经验）。这段关系才"下车"，就立刻寻找下一个，没有给自己任何时间去真正处理发生过的事情以及我们对此的感受。显然，独自一人会感到不舒服，我们想要一个简单的解决方法。但爱情不是游乐园。如果你从一个游乐设施跳到另一个游乐设施，你只是在简单重复，什么都不会改变。我知道我之前说过，但我会再说一遍。当你单身时，成长的土壤如此肥沃，但前提是你专注于自己，不是为了寻找其他人。

许多人不知道独自一人时能做什么，因为他们的价值感来自爱别人。他们的生活从未以自己为中心，总是以他人为中心，所以他们从未真正与自己建立关系。他们只能通过一段关系来认识自己。如果那些关系不健康，他们与自己的关系也就不健康。这就是为什么当你单身时专注于自己非常重要。当你找到值得拥有你的人时，你也会带着更真实、更完整的自己进入这段关系中。这段关系的状态就不会像上一次那样，会有所不同。

那么，你该如何做呢？如何专注于自己？我打赌如果你再听到"和自己约会"这样的建议，你可能会跳楼。与其考虑和自己进行悲伤的约会，不如考虑你一直想做但因为时间、金钱或恐惧而没有尝试的事情，比如旅行、开始新的爱好、去上你一直想参加的宝莱坞舞蹈课。对新体验说"是"。如果这就是"和自己约会"的意思，即使你在一段关系中，你也应该和自己约会。

这不仅是与独自做事有关，也是有意识地独处。忍受不舒服和出现的所有事情。比如你独处时用来应对自己、麻木自己的规律，这一次要打破它们。注意到出现了什么规律以及为什么，这是内在的工作、艰难的工作，也是专注于自己应该有的样子。这就是你与自己的关系建立的地方，是一个由内而外而非由外而内的过程。这样做的同时，你也要练习自我同情和宽恕。接受你的故事，放下你需要放下的东西并开始积极推进你的进化。

第五步：明确你的新底线

当你面对自己、面对不爽时，是时候了解自己为什么会做这些了。要探究这些行为的根源。还要有意识地努力改变思维方式和行为，选择一条不同的路径。当你开始回望过去，承担事情发生的责任时，重新联结自己。（记住，即使是健康的关系，也可能让我们与自己断联。）当你这样做时，你会开始在沙滩上画出新的界线，会创建自己的底线。无论是第一次还是第十四次，那些你不能再容忍的事情还是发生了。记住：底线与偏好是有区别的。告诉自己你只会和身高六英尺两英寸[1]、年收入六位数、开复古保时捷的男人约会，这不是底线，是挑剔。底线是你为了和新的人生相匹配而为自己设定的新标准，它们成了接纳和培养自我

---

1 约 188 厘米。

感觉与价值感的容器。

以下是我的一些底线：

1. 我永远不会处于一段虐待性的关系中（无论是身体上还是情感上）。我不在乎她是否让我无比倾倒，彼此化学反应强到冲破宇宙。这是一条非常坚定的界线。

2. 我不会和不支持我的激情，不赞扬我经历的人在一起。她不必同意或喜欢相同的事情，但她必须支持我是谁，支持我所坚信的。

3. 我不会和不照顾自己的人在一起。这与锻炼或外貌长相没有太大关联，我指的是在心理、情感、身体和精神层面，作为一个人类该有的对自己的照顾。

4. 我不会处于不平衡的友谊中。这意味着这友谊总是需要我主动靠近。我不会选择总是让一切围绕他们转而从不为我留出空间的友谊，不会选择表面的友谊。

你画定的底线不必全与重大事情有关，也可以是"需要有很好的对话能力"这类事情。他们应该拥有共同的兴趣和价值观。也许你不再容忍某人整天玩视频游戏？这些底线不仅仅适用于感情关系和友谊。你在工作上的底线是什么？和家人在一起？什么时候去健身？还是去你家？出于营养和睡眠的尊重，你到底需要摄取什么？是什么让你永远不会放弃冥想的练习？

第六步：击碎时钟

人们在一段关系结束后来找我咨询时最常见的问题之一是：需要多久才能忘记某人？或者：已经三个月了，我还没有忘记他！

我不好意思打破你的幻想，没有固定的时间可以让你"忘记"某人，没有公式或秘密步骤。仅仅因为上次你在三个月内"忘记了某人"并不意味着这次也会花相同的时间忘记某人。每段关系都是不同的，它们在我们身上留下印记的深度也是不同的。你现在是什么样的人，与那段关系里的你是不同的，这是由很多因素决定的。所以你无法判断或比较几段感情的"结束期限"。你需要多久去治愈和穿越，就需要多久去忘掉他或她。

如果想尝试大胆的关系

假设你已经做了一些内心的工作；假设你已经在通往自我成长和重新联结自我的旅程上；假设你已经开始接受并承担起责任；假设你已经开始哀悼，并允许自己感受你的失落（之前的关系）；假设你觉得自己真的处于一个很好的状态，准备去探索，并且假设我们不是在谈论你紧密社交圈内可能会与你前任有关联的人。

假设所有这些事情都成立，那么，是时候去找个人上床了。

我在与帕特里夏结束三年的关系后意识到的一件事是，我从未真正拥有过大多数人在二十多岁时拥有的单身体验，我始终处于某段感情关系里。是的，我在离婚后的很长一段时间保持单身，但那段时间我独自骑摩托车，在电脑屏幕前写感受，或者待在 CrossFit 的健身房里。我从未与在酒吧里遇到过的什么人进行毫无意义的性行为，第二天醒来时什么都不记得，但还挺满意的，因为你只是想要一次性的体验。我从未以"会发展成某种关系"为目的和多个人约会。我从未有过三人行，从未参加过性派对，也不会和炮友成为朋友。

我通常是从一片荷叶跳到另一片荷叶。单身一秒钟，然后下一秒遇见某人，突然我们就住到一起，开始分摊租金，选择星期二去 Trader Joe's[1] 采购，因为星期天人太多了、太混乱了。

现在，我明白了仅仅和他人上床并不会带来满足感，这会导致更深的孤独感和渴望更深层次的东西，不是可持续的。我明白了。但如果你从未尝试过，这些想法就变成了恨不得早日实现的好奇幻想，这样你就不必整天想着这些了。当人们分享故事时，你会厌倦被排除在外，你尝试了这些就会在朋友面前有故事可讲。

我提倡你去找个人上床，因为我们需要摆脱标签，尤其是当我们将这些标签内化，并以此定义自己时，摆脱那些所谓应该的事。荡妇、妓女、玩弄感情的男孩、绝望、孤独，所有这些都是具有破坏性和危险性的。重要的是为什么，而不是想要什么。

如果你和陌生人上床是因为不想一个人待着，或者验证你的价值和吸引力，或者希望用性作为诱饵将一夜情转变为一段关系，如果是这些原因的话，你就不应该每个周末都去找一夜情，因为你很可能正在重复一个不健康的模式，早上醒来时的感觉只会比前一天更糟。

1　美国中端连锁超市，以有机自有品牌作为主要卖点，瞄准"高学历低收入"人群。

也有另外一种情况，你从高中起就一直处于一段又一段的关系中，你现在终于通过一夜情让自己的身体感到舒适，并因此想要探索自己。探索你的欲望某种程度上是自我修养的一部分。

性需求是我们的基本需求，我们是性生物。可大多数人处在长期关系中的时候会压抑性需求。单身时我们不敢满足它，因为整个世界都会认为我们放浪不堪，但这事并不关乎你究竟和多少人上了床，重要的是在做这件事时，你是否处于一个健康的状态。

案例："我在婚礼那天才意识到这是个错误"

斯黛西实际上本来有机会退出的。她的好朋友告诉她："你只要和我对视，我就拉着你的手，我们可以像电影《末路狂花》里的女主角们一样逃走，就像我们以前一起逃掉卡彭特女士的课一样！当然我们的结局会是好的。"

但斯黛西已经不是高中生，她那时已经三十二岁了。结婚蛋糕订了，手指上戴着戒指，超过一百五十人承诺会出席和庆祝她的婚礼，这本是她一生中最幸福的一天。

斯黛西和她的未婚夫鲍勃交往了三年。他们的第一年像大多数人一样极其美好。是那种发现一个新的爱人的兴奋感，新的怀抱拥抱你，得到对话的新看法，去新的餐厅吃饭。最终找到一个健康的爱人，他掌握了爱的方法，也能与你保持一致。

但之后他投身某种信仰，变得"超级虔诚"，并决定在结婚前不再发生性行为。所以他们两年没做爱，那"很棒"的感觉渐渐变成了"好"，然后又变成了"可以忍受"，最终变成了"他就像我兄弟，我对他一点化学反应也没有了"。

但她已经答应他的求婚了。况且她才三十岁出头，现如今三十多岁意味着结婚、孩子和匹配的宝马车。我说得对吗？她内心不相信这一点，但不知道除了这还可以怎样。另外，她以前只有过一段感情经历，而那是有害且受虐待的。她需要打破恋爱规律，否则生活永远不会变得更好。

斯黛西实际上是通过鲍勃找到我的。他虔诚地听我的播客，读我的书，甚至每天收到我的短信推送。他将斯黛西推荐给我，认为我可以"修复她"。每当有人把他们的伴侣送来给我，但自己不去修炼的时候，就是个坏兆头。这里面充满了控制和期望，而且最后效果会适得其反。他们没有意识到，如果关系中只有一个人在努力，他或她将很快就超越另一个人。

治疗师不是医生，我们不"修复"任何人。我们更像是肥料，整天坐在粪便中，将粪便处理成肥料帮助人们成长。这类咨询让我紧张，想象着有一天他会来找我，尖叫："是你把我们弄分手了，你这个该死的骗子！"

谢天谢地我没有办公室。他必须搜遍洛杉矶的每一家咖啡店才能找到我。不管怎样，我知道她最终会离开他，只是时间问题。当然，她做到了。

我以为我的治疗工作已经结束了，但这只是个开始。既然她不再嫁给她的"兄弟"，她就可以自由地做任何她想做的事情（和任何人）。斯黛西和未婚夫在一起的 5 年里只发生了 11 次性行为，平均每年 2.2 次（我没有大声说出来，我只是在脑海中做着计算）！她还为此胖了很多，这是我所说的隐藏带来的体重：隐藏自己的问题、她的痛苦、丈夫、她的自我，还有这个世界。

她离开他后，体重就开始减轻，她承认自己甚至没怎么锻炼。这就像她的身体在说"好的，让我们开始吧"，就自行开始了这个变瘦的过程。她不仅仅体重变轻了，能量也不同了。我告诉她对所有经历过"过期关系"来访者说过的理论，"走出你的头脑，走出你的家"。但她不太需要那个建议。她平常就很活跃，还在读硕士学位，主攻心理学。她有了一个新的圈子，让我感觉像是在和一个全新的人合作。

她几乎就在结束婚姻的当天就已经准备好再次约会了。她下载了约会应用软件，有了与其他来访者完全不同的体验，其他来访者都不喜欢这些应用软件，她却觉得这些给她赋能了。她将应用软件作为一个工具。她有很多追求者，并开始和不同的人上床，但绝对不是以那种绝望的"务必来爱我"的方式。

她没有在寻找爱情，只是在探索她的新身体。她想尝试所有的味道，用不止一支蜡笔上色——这是她以前从未做过的事情。她现在拥有了巨大的四十八色蜡笔套装。

"我不想再懵懂地活着了。"她告诉我，像个第一次探索欲望的新女人。

我心想，哇，我也想要她拥有的东西。正如我上面提到的，我是一个一夫一妻制的拥护者。我从未经历过有明确意图的性探索期。但斯黛西做到了，这开启了一个全新的世界。她发现自己是令人渴望的，这给了她更多的自尊和舒适，更多和自己身体的联结。这些都给予了她自信和一种能吸引更多男性的能量。不是为了找到谁，而是关乎找到她自己。

我们的对话从性和性欲的定义一直聊到社会系统、关系模式、多元恋爱和开放式关系，她想知道她是否可以爱上不止一个人，想知道如何能获取足够的安全感而不会再去忌妒。她不知道原来她是可以选择的。她以为婚姻和一夫一妻制是唯一的选项。她也不确定，如果疯狂爱上一个人，她是否会想要除了一夫一妻制以外的东西。

她有很多问题要问，而我自己心里也冒出了很多问题。

大多数人认为和治疗师交谈后他们会带着新的视角离开，

而治疗师则像一个会吐出启示的自动售货机一样留在那里，等待下一个客户来按动机器，提供新的洞察和启示。但事实是，我们在会话期间和之后都会对自己的生活有所启示和洞察，这些会话对我们的影响和对你们的影响一样大，有时甚至对后者的影响更大。

我也是时候去找个人上床了。

约会软件

约会就像是想要更了解那个开着金色 Trans Am[1] 的疯狂叔叔。只有当你真的认识了他，你才会恍然大悟，原来如此。

我又单身了。但这次，我告诉自己要真正约会，而不是和第一个联系上的人就直接进入感情。这种情况好像已经成了我生活中的规律。遇到某人，感受到一些东西，然后很快我们就共用浴巾了，之后又如履薄冰。那就让我们来好好分析一下。

我第一段真正的关系是我二十岁出头时的一段三年往事。我们整天整夜地黏在一起。她堕过一次胎，还在某次音乐会上亲吻了别人，这事直到二十年后我们俩在 Al-Anon 会议上偶然遇到，她才告诉我。那之后，一段五年的恋爱后来又成了五年的婚姻。那是一段重要的关系。我们彼此之间更加依赖，过分亲密，到了不健康的程度。我将她捧上神坛，吻遍她全身。当时我们可能都性或爱成瘾，完全迷失了自我。离婚之后，我和

---

1 美国通用汽车旗下品牌庞蒂亚克推出的一款跑车。

Tumblr[1]上来自佐治亚州的女孩有一段三年的关系。我当时控制欲很强，个性矛盾重重，对自己的生活不满意，她当时就这么告诉过我，但我不信。然后是那位玩街头艺术的女士，那是我的《当哈利遇见莎莉》经历，由朋友变情人，又是三年的关系。最好的朋友，顺畅的沟通，一起锻炼，共同创作艺术，第一次使用性玩具，体验到更健康的爱的初味。但你看出这里的规律了吗？我一直跳跃，从一片荷叶跳到另一片荷叶，中间没有停歇，直到四十岁出头。

我不像大多数男性朋友那样加入过一百俱乐部，我没有很多性经历。所以这次，我想要探索。如果你愿意，尝一下彩虹的滋味。释放我内心的斯黛西和她的四十八色蜡笔套装，甚至愿意尝试一夜情，这是我以前从未有过的。

我开始"约会"了，打开约会应用软件，注册账号，把自己"挂"在软件上。我逃脱思维桎梏，走出自己的房子，于是就有了咖啡约会，学到了什么叫"照骗"，发现没有人长得像他们的照片。与一位来自圣地亚哥的女孩在一起，我竟然连续三次都无法提起性趣，这事情至今困扰着我！长话短说吧，我经历了一段低睾酮阶段，我不去好好倾听并照顾自己的身体，反而试图强迫事情发生。为了新的体验，我越努力就越感到羞耻，

1　一个图文社交平台，在中文网络上也称"汤不热"。

因为我做不到，而且切切实实地发生了三次。像许多男士一样，我总是将男子气概与床上表现联系在一起，一直被灌输这样的观念。我没打算撒谎，这仍然是我希望能穿越回去改变的事情。我想要一个重新来过的机会，但真正的教训是我需要倾听自己阴茎的想法，它也知道一些事情。

我希望我能探索得更多，但我想我可能就不是那种喜欢体验的人。生活从不按头脑中想象的来发展。尽管这段经历很短暂，但它确实拓宽了我的视野，学习不同的性能量和联结。这是一块重要的拼图，让我得以更好地了解自己。我相信这给了我更敏锐的直觉，因为一切不只是与性有关，还与用新的体验去发现自己想要什么、不想要什么、什么适合你、什么不适合你有关。你喜欢和不喜欢的东西，那个东西让你的身体感觉如何，某人让你感觉如何，你想如何被对待……一切都和更多地了解自己有关。

我学到了自己不是一个擅长约会的人，这没关系。当我处于一段一夫一妻制的关系中时，我是最快乐的。我喜欢只想着一个人，并与那个人共同建设一些东西。我承认遇到新人是令人兴奋的，但最好的性爱、更深层次的亲密关系还是来自长时间与一个人共同的探索。在四十六岁的时候，我对更深层次的爱情感兴趣，不只是性。我不认为与许多人约会能有更深的爱。我不知道明天会怎样，五年后我甚至可能会同时处于五段关系中，且其中两个交往对象可能是男性。我不知道，但今天，这是我所相信的真理。除非你坚持寻找、探索和发现，否则你无法找到你的真理。这就是与自己建立关系的样子。

即便你处于一夫一妻制的关系中，情况也没什么不同。过程是一样的，你根本不需要一整盒蜡笔，你只需要其中一支，还有分享你的欲望和需求的勇气。沟通不止于感受。你内心有什么波动？你对什么好奇？你想如何被爱、被探索、被渴望？你希望被哪种新奇又独特的方式抚摸？你想将玩具带到卧室里吗？尝试一个性幻想？这并不关乎和某人上床，这是通过全新的体验去重新发现自己从而获得新的定义。你可以和伴侣一起做到这些，这将帮助你们更加亲密，而不是透过篱笆羡慕别人家的草坪。

★ 行动指南 ★

你的性生活始于你自己。永远如此。

在我们讨论你的伴侣没有做到的那些事之前，先问问自己，作为一个个体你是否感觉自己性感。撇开伴侣不谈，也不能假设被"性感"的朋友们包围。没有性感的裙子，你光脚赤裸地站在镜子前，你对镜子里的自己满意吗，还是会畏缩并自我批评？因为性感不仅仅与你的身体有关，还关乎你与自己的关系。

如果你今天不觉得自己性感，那上次觉得自己性感是什么时候？是在做了那份让你回家只剩穿睡衣的力气的疯狂工作之前吗？婚姻？孩子？事故？或者像斯黛西遭遇的那样是一种慢慢灼烧的感觉，用食物麻痹自己，把自己隐藏起来，这样就不用面对不幸福这个真相了？性感深藏于身体的外观之下。性感是一种心态、一种态度，随着你推动并建设自己，成了一段需要你了解、爱护并接受自己的旅程。

想象你有四个活塞，就像一辆汽车。它们越活跃，你就与自己联结得越紧密，也就是感觉完整、圆满，最终像一个性生物。大多数人在同一时间只有几个活塞在运作，因为生活中时有事情发生，我们就会忘记去维护它们。就像发动机一样，当活塞停止时，你停止前进。你的成长停止，进化停止，性感也停止。

让我们来看看这些。问问自己，你需要重新启动哪些活塞。

第一个活塞

我提到过的两件事仍然适用于这里：运动你的身体和喜欢你自己。

虽然我一直是一个欲望很强的人，但直到我运动身体，才真正觉得自己性感。是的，CrossFit 健身馆让我拥有了两块半腹肌和更圆的臀部，但让我感觉更性感的是与自己的联结——通过运动寻找到自我的舒适感。这是我第一次真正享受锻炼。我之前也锻炼过，从高中起就举重，但我总是为了外表而健身，不是因为喜欢。直到找到真正喜欢的东西，我才能在锻炼时真正融入身体，比以往任何时候都更加努力，这消解了我的一些错误信念，开始与身体建立真正的而非肤浅的关系。

关键在于：基于非表面的方式与你的身体建立关系，性感就从实质中诞生了。如果你只是敷衍了事或者为了别人而运动，你与身体所建立的关系就是肤浅的，也可能是短暂的。当人们强烈爱上运动，以至成为生活方式时，他们会与自己的身体建立真正的关系。练瑜伽、跑步、滑滑板、攀岩，任何能产生多巴胺同时也需要纪律的运动，任何因为你非常喜欢而成为你日常生活一部分的运动。

第二个活塞

你喜欢你作为一个人的本质吗——你的品格、价值观、天赋、故事，以及拥有强烈的自我意识。

我成年以后的大部分时间都不喜欢自己。我将自己的价值与所做的事情联系在一起，由于我不"成功"，我觉得自己没有多少价值。我没有价值观、品格或强烈的动机，我只是在咖啡店里花了很多时间写剧本，希望能卖掉它们，这样我就有价值了。直到我改变职业，开始新的生活和与自己的关系，我才开始喜欢自己的历程。我倾听自己，更好地对待自己，练习自我同情、自我关怀和纪律，塑造我的品格。直到我最终允许自己了解自己，才开始喜欢自己。但就像建立关系一样，喜欢自己的过程是终身的，重要的是你开始了。如果你不喜欢自己，就不可能觉得自己性感。再次强调，如果你有很好的基因，你可以表现出很性感，但你无法真正感受到由内散发出来的性感。因为那种感觉来自"你喜欢自己"。

第三个活塞

我们中的许多人在成长过程中被灌输"性是不好和有罪的"。探索自己的身体、拥有性想法和性感觉会让你感到羞耻和内疚。你将其压抑下来，你阻碍了自己的一个重要部分。我们都是性生物，就像我们都是灵性生物一样。如果你忽视或压制这部分的自己，你就与自己断开了联系，这将使你无法感觉到自己的性感。因为你将性感与羞耻相连，而羞耻是最低的生命频率，两者是不能在同一个空间共存的。

是时候通过接受你是个性生物来消除羞耻感了，用性的方式去表达自己是可以的。对你来说，这在行动层面会是什么样子？穿让你感觉性感的衣服？在卧室和伴侣讨论性和你喜欢的性爱方式？多人行（只要你沟通良好，每个人都知道彼此的情况）？和刚认识的人回家不感到内疚？更多地自慰？和伴侣一起使用玩具？尝试不同的地点和角色扮演？

或者……

也许它意味着禁欲，暂停性行为。也许性已经成为亲密关系的障碍。是的，你没看错，你试图用性掩盖感情，把性作为盾牌来隐藏你的恐惧，害怕真正展示自己，也害怕更深层次了解某人。也许你之前不懂，认为性行为等同于联结。只要你在进行性行为，你就是在和某人建立联系。但你一直都没有为自己而是为别人而做。是时候重新发现性和性对你的意义，是时候放下你的盾牌。

第四个活塞

你感觉自己性感吗？

我们是性生物，感觉性感的需求根植于人体的DNA、内在构造和本质之中。这意味着感觉性感不是额外或非必要的，也不只是在我们穿上紧身裙或从陌生人那里得到赞美时才会发生，它是一种基本的人类需求，就像食物、水和睡眠一样，而唯一能满足这种需求的人是你自己。你必须每天滋养你的性需求，否则会感觉自己不完整、被忽视。而这也将直接影响你选择去爱的人，你会妥协、退缩、不相信你值得拥有更好的。

你如何通过满足需求来感受性感？

以下是我目前满足自己性需求的几个方式：

每日运动出汗。我每天锻炼，通过参加各种课程来切换运动方式，这样就不会总是做相同的动作和锻炼。我倾听我的身体，并做它渴望的事情。我也遵循计划（课程提供），有结构有目标。有时我会出去远足、跑步或游泳，但很少独自锻炼。我利用社区来推动我，负起责任，也能满足我的社交需求，一举两得。通过锻炼和运动，我与身体建立了更好的关系。我缓解压力、燃烧脂肪、增加肌肉，最重要的是我在自己的身体里感觉更舒适了，拥有更多完整性、自信。归根结底，感觉自己更性感了。

骑摩托车。当我骑摩托车时，我感到完全的自由和专注。我的感官变得更加敏锐，忘记了所有问题，回忆起我小时候没有烦恼的时光。它让我与内心的孩子联系起来，那个不在乎任何人看法的孩子，只做那些让血管里充满肾上腺素、头脑里充满多巴胺的事情。在这种状态下，我感觉无畏。而当我感觉无畏的时候，我就是性感的。摩托车给了我这种感觉，我每周努力骑几次，长途骑行，短途骑行，沿着海滩，拥抱峡谷。任何让你感觉活着的事情也可以让你感觉性感。

性爱。是的，我尽可能多地进行性爱，但性爱的数量并不是最关键的，关键在于性爱过程中你对自己以及在自己身体中的感觉。你真的享受它吗？许多人只是为了让对方开心而进行性爱，性爱变得例行公事和机械化，尤其是在长期关系中，因为性爱可以是为了取悦别人的。

关于健康性生活的一个极大误解是，你不需要对它投入任何努力，它是一种自然行为。你只需要脱光衣服，一切都会好起来。这不是真的，你必须在这方面下功夫。我从沟通开始，尝试告诉伴侣我喜欢什么，不喜欢什么，并鼓励她也这样做。我探索，换花样，玩一些我和我的伴侣幻想过的场景，尝试我曾经标签化或评判过的事情。我努力将性爱视为一种自我表达，而不仅仅是达到高潮的手段。它是一个共享的空间，可以了解和联结对方，也可以了解和联结自己。你做得越多，你就越能满足你的性需求，从而感觉更性感。

自慰。如果你愿意，可以用"自我探索"来替换

"自慰"这个词。许多人，尤其是男性，通过自慰来释放他们积累的性能量。他们自慰是为了结束，为了释放，为了感觉良好。这没问题。继续吧。但它不止于此，它也可以是了解自己的一种方式。我们的身体会变化，我们在身体中的感觉会变化，激发我们性欲的东西会变化。自慰可以是一种联结你和你的欲望的方式，所以不要只是"解决掉"，而是用它来探索。

我不想对你撒谎，如果我的伴侣不想做爱或当我感到兴奋并想要释放时，我理所当然地会自慰。但我也用它来探索我的身体，让自己舒适，发现新的喜好以及我想要的触摸方式。我用它来检查自己和自己的性需求。

我也和我的伴侣一起自慰。不仅仅是为了展示和展现我们喜欢的触摸方式，也作为建立信任的练习。我们很少与对方分享亲密体验。如果缺乏自我意识，以这种方式展示和表达自己就会很困难。你和你的伴侣建立的信任越多，两个人探索性感的空间就越安全。自慰可以是一种使双方都感觉性感的共享体验。

上述的四个活塞分别说的是，运动你的身体、喜欢你自己、消除羞耻和满足你的性需求。试问：今天的你生活中有多少个活塞还在运作？如果没有任何一个活塞在运作，你的引擎就没在工作，你就没有茁壮成长，也没有与自己建立联系。专注于每个活塞，确保它们都在运作。有些可能运作得快，有些运作得慢，这都没关系，这是一个过程。只要确保你关注它们，努力在每个方面都有所作为。记住，这是一个过程，你练习得越多就越容易。但为了让它可持续，这四个活塞所涵盖的内容必须融入你的日常生活，成为一种生活方式，而不仅仅是一个偶然的事情。

关系中最常见的错误之一

对于男性来说，当我们单身并专注于自我时，让四个活塞运转起来很容易。我们努力锻炼，吃得更好，确保自己看起来和感觉良好。我们打理头发，在穿着上下功夫，让袜子和衣服搭配。我们不想永远单身，所以确保自己从内到外看起来和感觉起来都是最好的。我们尽力建立自信和感觉性感，然后当我们开始一段关系时，所有这些就都被抛到一边了。

也许第一个月不会，但随着时间的推移，我们这些男人就松懈了，开始减少锻炼，在穿着和外表上投入的精力减少，同时回到不良的饮食习惯。袜子与衣服不匹配也满不在乎。为什么要在乎呢？我们不再寻找了，我们现在有伴侣了。而且她们得和我们睡觉，因为她们爱我们。何况对方就应该接受我们的本来面目，对吧？错！

当你处在一段关系中时，你有责任继续照顾自己，感觉自信和性感是其中的一部分。这是你的责任，不是对方的责任。是的，她们可能爱你，但记住爱是一种选择。她们选择爱你并不意味着觉得你一直有吸引力。当你开始一段关系时，你不应该停止你为照顾自己所做的一切。实际上，你应该做得更多。

既然我们在关系里需要为自己的幸福担负起责任，那我们也需要对自己的外表和对自己的感觉负起责任。这不是你伴侣的责任，这是许多人都陷入的陷阱。我们单纯地以为由于自己正处于一段关系中，我们对自己的照顾就可以停止或减缓，这种想法会导致身心的疏远和断联。**导致你不再吸引人的，不仅仅是你的外表和感觉，更是你已经不再关心自己的外表和感觉这件事。**忽视你的外表会改变整段感情的动态模式。记住，吸引力不是恒定的。如果你想让你的伴侣继续对你感兴趣，你就必须继续保持吸引力。

这就是为什么当你单身时，立刻就去建立这些基础轨道非常重要。为了获得动力，为了建立起你的日常流程。你现在对自己感到的自信和联结感越强，你能带给下一段感情的东西就越多，同时你也会对你的伴侣或关系施加更少的压力，能让你感觉更好。你不是为了别人而照顾自己，你是为了自己而照顾自己，但一切的努力都有外延效应。

ACT

3

重新出发

你可以畅想自己想成为什么样的人，你想要什么样的
感觉。

——约翰·金

如何结束一段关系

> 当你接受、放下、继续前进，结束就发生了。而
> 前者远比投射美好幻想更重要。
>
> ——Sylvester McNutt Ⅲ

社会心理学家艾里·克鲁格兰斯基（Erie Kruglanski）在二十世纪九十年代开始使用"寻求结束"这种说法。他指的是"一种决策框架"，一位《今日心理学》的作者在 2018 年解释道："旨在找到一个命题的答案能消除混乱和模糊不清。"引用克鲁格兰斯基的话，文章继续说道："当我们寻求结束时，我们为了解损失的原因在寻找答案，并解决它所带来的痛苦感觉。"在这个过程中，"我们似乎形成了一个关于发生了什么的心理拼图，检查每个部分及其与整体拼图的关系"。当我们满意地认为拼图已经按照我们的意图拼好，答案已经找到，因此有可能继续前进时，结束就实现了。

这正是为什么寻求结束可能会让我们停滞不前，成为阻

止我们穿越到另一边的巨大障碍。我们拼命寻找事物被终结的答案，我们试图让事情能说得通，如果不行，我们就会陷入困境。我们一心寻找别人握着的那片拼图碎片，结果被困在昨天。这导致我们怀恨在心，并且质疑自己的价值。如果我们找不到"结束"，就不允许自己放手，那我们就无法真正活在当下。

以下是一个和真实的来访者会话的场景，这位来访者因为需要结束而陷入困境。

洛杉矶某个时髦的咖啡店

约翰和他的来访者阿曼达坐在一起，阿曼达三十岁出头。
她正在拭去衬衫上的羊角面包屑。

阿曼达
上帝啊，我真是一团糟。

约翰
是啊，糕点也是我的弱点。

阿曼达

如果能停止吃面包，我的生活就会完美。真的。

约翰

和史蒂夫相处得怎么样？

阿曼达

他欺骗了我。

约翰

哦。很抱歉听到这个。

阿曼达

算了，他是素食主义者，而我也没那么喜欢他（其实她很喜欢）。我不知道为什么我总是吸引混蛋！这个世界上还有忠诚的男人吗？都是这些该死的羊角面包，我又胖了二十磅！

约翰

你觉得他欺骗你是因为你的体重吗？

阿曼达

男人喜欢瘦女人。（她又咬了一口羊角面包）我甚至
都不在乎，但我只想知道为什么！

约翰

了解他为什么欺骗，这对你意味着什么？

阿曼达

你是什么意思？

约翰

这里边存在着一个模式。你未婚夫也没有给你答案。

阿曼达

难道不是每个人都想知道为什么吗？

约翰

如果你发现凯尔对你不忠与你无关呢？如果这和他逃
避、隐藏、逃跑，或许害怕婚姻，或不想努力维持这
段关系有关呢？

阿曼达（沉思良久）

那么，这意味着不是我的错。

约翰

这还能意味着什么？

阿曼达（*望向窗外，眼泪汪汪*）

意味着我不是个没价值的人。

阿曼达将被出轨与她的价值联系在一起。她需要知道为什么男人会对她不忠。因为如果不是她的错，就说明她没有缺陷，有价值感，是个好伴侣，是值得爱的，最重要的是，她不像她母亲。她的父亲曾多次出轨。阿曼达不尊重她母亲，因为她母亲自尊心很低，虐待她和她的姐妹们。阿曼达最大的恐惧之一是最终会变得像她母亲一样，当男人对她不忠时，她会把自己归类为和她母亲一样。

在我们一起工作的过程中，阿曼达意识到她潜意识里选择了会对她不忠的男人。她在重演她成长过程中所熟悉的感觉。就像她的母亲一样，阿曼达在内心深处不相信自己是有价值的。当我们一起努力提高她的自尊，并将她的价值与生活中不忠的男人分开时，她能够看到男人对她的不忠与她作为一个人的价值无关。她能够将自己与母亲区分开来，最终放手并渡过难关。我的观点是，她不需要从前任那里得到答案和解释，她需要了解她想得到这些答案的愿望从何而来，为什么这对她如此重要。

案例：表面是玻璃

莫妮卡为我提供了一个很好的案例。作为一名治疗师，我通常会说很多话，但她不让我说话。她想先把所有事情摊开，就像一个巨大的拼图。生活中总是同时发生着许多事情，她的情况也不例外。回应内心的召唤，她最近搬到了加利福尼亚靠近水边的地方生活，这是她一直梦想但一直害怕去做的事情。或许她只是需要一个理由。多年来被困在一段无望的婚姻中，她终于鼓起勇气离开，但她的离开导致前夫内心崩溃。他情感不稳定，所以她无法与他真正切断联系。关系被拉伸，造成焦虑和内疚，她每天给前夫打电话问问他的情况，同时也尝试与别人约会。那是拼图碎片一。

但她约会的人也是她前夫的朋友，那是拼图碎片二。她在工作中还受到一个边界模糊的人的骚扰，那是拼图碎片三。然后就是她的居住状况。她刚被驱逐出住所，因为她救助了一只猫，这是拼图碎片四。

总而言之，莫妮卡的陈述向我呈现出十块左右的拼图碎片。

我数不清了，数量不重要，重要的是她错误地认为爱情不会持久。这种印象是在她十岁时形成的。她妈妈出轨导致离婚，从那以后她一直害怕全身心投入。表面上她无法从不稳定的前夫那里解脱出来，那里有真实和诚实的同情。但我想知道，在内心深处，她是否把这当作一个不需要完全展示自己、与正在约会的新人在一起不用全心投入的理由。她真的看到了和他的未来，这对一个不相信爱情会持久的人来说是可怕的。

一旦意识到这一点，她就知道必须与前夫完全切断联系，这样才能投入并创造新的爱情体验，去证明她的信念是错误的。如果她不全身心投入就自然没有任何保证，她无法给这段新关系一个公平的机会，不成功的概率很高，且这只会加强她的错误信念并在她的内心四周筑起高墙。

几周后她停止照顾前夫，并最终和他断绝了关系。这是她不得不做的最艰难的事情之一。随之而来的是成长和一个新的爱情体验，这种体验可以创造新的轨迹，消解错误的信念。

我们都会受制于一些不易察觉的潜在规律。一旦意识到它们是什么、真正发生了什么，我们就可以打破规律实现成长。我们可以做出以前看不到的选择，拥有曾被埋藏的影响力。表面没有牵引力，表面是玻璃，真正重要的是发生在下面的事情。

"结束"完全不需要另一方的参与。它不需要答案、道歉或解释。如果它需要答案、道歉或解释，那么真正能够继续前进的人将会非常少，因为大多数关系都是未解决的结束。我们很少能和前任坐下来解释自己。分手总是结束得那么凌乱，你唯一能做的事情就是探索自己。这就是你要寻找的终结。这不是说关闭一扇门，另一扇门又打开。结束是一个过程，是一段旅程，终有一天你会回想并对发生的事情有强烈的感受。而其他日子，你则不会。就像任何一种失去，这感觉极其强烈并且会时来时去。直到这感觉消散的次数超过涌现的次数。

而且没有什么会真正完结。我们总会记住，那些记忆附着感情。随着我们开始这段"结束"的旅程，向内探索自我、成长，有些感情是可以改变的。如果不这样做，我们将携带事情的残余走下去，而且不仅对你的前任，也可能使你对自己怀有仇恨、愤怒和怨恨。这会令你变得坚硬，这种能量将波及其他关系。如果你在一块有污渍的画布上作画，你将无法创造一个全新的爱情体验。

如何面对前任

在我成为 theangrytherapist@gmail 之前，我是 brasschucky@gmail。Chucky 是我的美国名字，因为老师们不会 Chul-Ki 的发音（我最近发现我的父母拼写错了）。总之，我不想和以前注册的旧邮箱再有任何联系，所以我从不查看它。有一天，（我记不清为什么）我浏览了它，那里除了垃圾邮件什么都没有。然后我看到了前妻发来的邮件，这太随机了，纯粹是偶然，她是我近十年来没有联系过的人。那天我竟然在查看邮件，就像大海捞针。她给我发邮件是为了通知我，她的，或者说是我们的狗去世了，是自然原因，它活了充实的一生。这有点让我震惊，让我意识到已经过去了这么久。我问她我们是否可以见一面。

我一直想和前妻坐下来谈谈，不是为了挑起旧事，只是觉得那场离婚还没有一个正式的结束，感觉很突然，就像一场车祸，带来了十年的颈椎损伤。就这样，我们近十年来第一次见了面。

我们去吃了韩式烧烤。她看到我时说的第一句话是"好吧，你看起来不一样了"，仅此而已。我确信她是在说我的长发。她看上去很困惑，因为我匆忙跑到洗手间把长发扎成一个男式发髻。我回到座位，我们聊天，开了几个玩笑。没有沉重的或关于过去的话题，一切都很快过去。那天晚上我唯一真正记得的是，我们在代客泊车处等车时，她给了我一个真正的拥抱，一个包含我们共同经历了很多、一切都已原谅的意味的拥抱。这让我感觉到了一种结束。就像在一句冗长的话后面加上一个句号——终了。

其实，事情不完全是这样。收到那封邮件让我震惊，它让我意识到我深深伤害了她。这让我怀疑我们的故事是否有超出我个人视角的部分。我开始质疑自己和我的记忆。再次见到她在情感上触动了我，它激起了旧感情。我想念她的爸爸还有我们的狗。她在邮件结尾写上"我爱你"并没有帮助。在内心深处我知道她的意思，她的意思是我爱你作为一个曾经出现在我生命中的人，但 Chul-Ki 想要相信这里面还有更多含义。所以我又联系了她，邀请她去 CrossFit 健身馆。她不知道那是什么。我们来回交流了几轮，然后我发了个信息告诉她我剪了头发，看到她后激起了一些我之前并不知道但真实存在的感觉。她很快就断然拒绝了。她不希望我再联系她。

几个月后，我去了那次越野摩托车旅行，想与她父亲分享一个视频，因为摩托车是我们的共同爱好。我想他会喜欢。Chul-Ki 想破镜重圆吗？我不知道。很可能是。所以我发了个视频给她，让她给她父亲看。我不想详述她的回应，但那确实令人震惊且困惑，因为我们的晚餐看似平静友好，可实际上她显然仍对过去所发生的和我从她那里夺走的东西感到非常愤怒。我决定不辩护，承认那时我确实做错了，并向自己保证我不会再联系她，而我也做到了。

有时候，这就是"结束"或者继续前进的样子。你无法控制对方以及他们对你或所发生事件的感受。如果你对"结束"的定义是确保他们像你一样看待事情，对事情感到满意，并不再对你生气，那么你将永远无法继续前进。"结束"意味着做出决定，放下他们，专注于你自己的旅程。还有就是不要查旧的电子邮件账户。

也许我还没有完全悼念过这段失去的关系，也许她也没有。我不知道。因为像我之前提到的，结束没有具体的时间线或终点线。感受这玩意儿时来时去，直到有一天它们不再出现，然后被生活中的某些事情触发它们又会回来。但强度会减弱，间隔会扩大，这就是你允许自己感受新事物的方法。这仍是一个过程，可能需要一生的时间。

结束不是一扇门，是一座桥，这座桥通往一个新的、更好的、更少携带过去的烦恼、更多活在当下、有更多能力去爱的你。

　　既然你不需要其他人来结束这个事情，就没有必要再多等一分钟。首先，问自己在上段感情中还对什么抱着不放，尤其是假设你正处在另一段关系中。你需要像阿曼达那样得到道歉和解释吗？你需要知道这不是你的错吗？到底是什么让你真正向前迈进？抱着那些不放会阻止你活在当下。如果你经历了一段过期的关系，想要从某人那里得到那个拼图碎片——无论什么事情还没"结束"——只是为了让事情对你有意义或让你对自己感觉更好。这种执着正阻碍着你的成长，也阻碍着你与自己联结。它会让你变得不完整，让你依赖于你可能永远得不到的东西。就像你身边的刺、鞋里的石头，你到底抱着什么不放？

　　其次，问问自己你为什么需要这个结束。通常，我们认为能从对方那里获取的与我们对自己的看法紧密相连。我们的价值或爱的能力，证明我们是有吸引力或可爱的。这从来都与观点正确或只是想知道无关，那只是表面的东西。总有更深层次的东西附着在上面。这就是为什么你如此渴望知道，这就是为什么放手如此困难。

最后，无论它与什么相关，你能否自己给予自己？以阿曼达为例，她需要到达一个境界，相信自己有价值。她需要相信男人对她的不忠与她无关，需要意识到自己正在刻意选择某种类型的男人，得赶紧停止。但她需要首先与自己建立更好的关系，通过这样做她就能停止选择未来有可能会不忠的男人。只有那样，她才能为自己重新设定新的爱情体验，感觉到自己的价值。而这些都是她可以给予自己的东西。

当然，这需要经历一段旅程。她不需要从前任那里得到任何东西，不需要一个她以为的解释。她之前的确和你一样——只少了一片拼图碎片。

我需要的则是一个身份认知，我在婚姻中失去了它。我没有自我意识，没有生活方向，只是她的丈夫。只是这样，这就是我的全部。所以我坚持婚姻，没有它我就不知道自己是谁。既然我不知道自己是谁，也没有自我意识，我就感觉自己没有任何价值。由于自己低自尊，我把她捧上神坛。她太漂亮、太有魅力，我有点配不上她。突然间她成了一个荣耀奖杯，而不是妻子。没有她我就变得一无是处。结束对我来说意味着找到身份和建立自我价值感，这花了我将近十年时间才有了一次彻底的重生，有了新的自我意识的新感觉出现，也伴随着全新的定义。

相信我，只有到那样的时刻，你的生活才能真正发生改变。

创造新的爱情体验

朋友杰森跑到我面前，就像忘记了我的生日一样，问道："你和白人女孩约会吗？"我稍微停顿了一下，一部分是困惑，一部分感觉受到了侮辱。我不确定这是种族玩笑，还是他是认真的。我回答说："我约会的基本上都是白人女孩，伙计。"他说："太好了，我有一个朋友适合你。她是个治疗师！"我又一次感到困惑和被侮辱，他是不是以为治疗师只会和治疗师约会？"杰森，你今天到底怎么了？"

他告诉我她的名字是凡妮莎，他们曾在纽约一起做项目。她之前在纽约的企业里从事广告或制作，现在成了洛杉矶的瑜伽师、正念师或治疗师。他们最近一起去远足，谈论彼此的近况，他还提到了我。实际上，我很感激他为我牵线搭桥。这是个甜蜜的举动，在大家沉溺于应用软件带来的快速约会文化中时，以这样的方式遇见是很少见的。我以前也从未尝试过相亲。

在彻底浏览了她的 Instagram 照片墙之后，我邀请她到一个叫作 Little Dom's 的地方见面。那是一间舒适的意大利餐厅，从我卧室窗户扔一枚硬币就能打到那边。不是因为我懒，Little Dom's 是我最喜欢的地方之一，它恰好就在我家旁边。懒惰和方便之间有很大的区别！

总之，我感到愉悦的惊喜，她本人比照片还好看，而大多数情况是相反的。我们很有共同语言，我能感觉到她经历过一些黑暗的隧道，正处于自我提升或精神探索的旅程上。与此同时，我不想急于投入任何事情。我仍然想要探索和约会，不再轻易陷入三年谈一场恋爱的周期循环。我打算先当一段时间的乔治·克鲁尼（好莱坞最著名的"钻石单身汉"），并没打算进入另一段关系。

快进：

更多有美食相伴的约会。

一次摩托车之旅。

一趟去哥斯达黎加的旅行。

一次在约书亚树国家公园的静修。

突然间，我发现自己处于一段关系中。

她感受到了我的抵抗。我的能量是矛盾的，我在热情和冷漠之间摇摆。我害怕全身心投入。我感觉像是满垒了，这是我最后一次上场，我的下一次机会就是最后一次机会。所以我给自己、她和我们之间的联系施加了很多压力，我对我们进行了彻底的审视，质疑我们所有的不同之处。我们有很多不同：她外向，我内向；她在有界限的范围内活动，我没有任何界限；她非常有条理，我是一个行走的"龙卷风"。

我以为自己正在寻找完美的投球，那种"瓶中闪电"[1]。但我意识到，自己实际上是在试图追溯一个旧的爱情印记——那种感觉。就像我十九岁那年前妻走进我家餐厅酒吧找工作的那一刻，我看到了天使。潜意识里我一直在追寻那种感觉，不是她，而是追寻那种感觉。在我所有的感情关系中，这种追寻一直在我潜意识的河流里运行，我意识到它阻碍了我在爱情中的探索和成长。如果你追逐往日的感觉、过去的经历和以前的定义，你就没法儿让新的东西进来。这意味着你被困在过去，还爱在过去。直到现在，我才明白这点。

问题在于，当你拉开帷幕开始回放纪录片而不是精彩片段时，那些"天使"很快变成了恶魔，"闪电"之后是由功能失调组成的雷声。那些感情是强烈而真实的，但它们健康吗？当然不。年轻时候的爱很少是健康的，当然，吸引是真实的。年轻时的爱也由我们的心理构造，童年创伤，广告等共同塑造。年轻的爱是新的爱，任何新的体验都是最强烈的，是你比较所有其他体验的基准。我们的吸引力变成了一个循环。

一旦意识到这一点，我终于可以给我和凡妮莎一个公平的

1　篮球术语，指极难却极成功的投球。亦指成功完成某个几乎不可能的任务。

机会。我现在可以抛却过去，放手去爱。停止比较，停止追溯。我开始活在当下，探索一个新的灵魂和全新的爱情体验。

我对爱的新定义

美

我曾认为美纯粹是指人体的美丽，包含身体、眼睛和曲线。那时的我将美与在杂志上看到的东西联系在一起，也将美与我的价值相联系。我的女友长得越具有商业意义上的那种美丽，我就越相信自己有价值。美成了内心匮乏的解药。当我开始更多地与自我联结，发现自我意识和价值时，我对美的定义发生了改变，它从二维的纸板人物变成了三维真实的人。我能感受到美，而不是看到它。

对今天的我来说，美不再浮于皮囊。美关乎灵魂与容量。美始于善良。没有善良，一切对我来说都只是化妆。美是不带评判、具备深度、保有自我意识和言行的影响力。美关乎体贴、支持、沟通、打趣，以及眼神交流。美就在你自主的生活里，在对身体的爱与欣赏之中，在开放的心态里，在对不同观点和意见的包容之中，在"被理解之前先去理解他人"的境界里。美是既温柔又坚强，措辞谨慎，时常宽恕而不记恨。美是诚实且保持一贯的沟通。美是不抱怨，不将自己视作受害者，不以自己为中心。美是言行一致，践行感恩和慈悲，相信比自己更伟大的事物。美是你即使多次受伤，依然敢于为了他人福祉挺身而出。美是能用马克笔而不是粉笔画出坚实健康的分界线。美是你每天用行动点燃的心中之火。美是脆弱，承诺，一致，沟通，坚守真理，真诚地回应而不是反应，在生活的起伏中积极成长。美是向内探索的能力，美是带着强大责任感狠狠去爱。

吸引力

我曾经相信闪电般的火花就是爱情的全部。那些在房间里四目相交并"心知肚明"的时刻。但其实那不是爱，那是童话。更有可能是功能失调，源于创伤和旧伤口的黏性动态关系。似曾相识不是爱。爱不关乎旧，爱关乎新。爱情需要时间去层层剥离。爱情是一个过程，始于每天的选择和选择之后的实际行动。有些日子爱情易如反掌，有些日子爱情困难重重。爱情会波动，它是一种舞蹈，有涨有落。爱情不是恒常的，它每天都在变化。吸引力如昙花一现，吸引力的火焰熄灭后，爱情将长久存在。

爱在哪里

爱情存在于瞬间。当你意识到自己也许是第一次被倾听的那一刻。当你意识到他没有试图改变你的那一刻。当你在柜边吃煎饼晚餐，觉得很喜欢现在的自己的那一刻。当他终于把碗碟放好的那一刻。当你们坐在沙发上无所事事，你意识到自己就想这么待着的那一刻。当你发现你们笑点不同的那一刻。当你们在争吵后重新走到一起，关系变得更加坚固的那一刻。当你感受到她的触碰，即使被蒙上眼睛也能识别她的那一刻。当你意识到这一次将与众不同的那一刻。当你意识到必须游过浪尖才能找到平静的那一刻。当你在对方眼中看到家的那一刻。

无论走进哪扇门，你都可以重新创造定义，给自己新的体验。也可以换个说法，你给了自己新的体验，从而创造出新的定义。无论选择哪种方式，重要的是你去打破旧模式。旧模式只会锁住我们，但新的体验和定义能创造出新的思维和新的行为，锁才能被打破。所以，不同的选择能与自我建立不同的关系，一个更好的、更强大的、更真实、更接近真相、更接近你想成为的人的关系。这就是你蜕变了，到那时，你找到了值得拥有你的人，你也能为她带来更多更好的品质。

如果你不创造新的爱情定义，你将始终吸引、重复相同的爱情体验，这会强化旧信念并阻碍你的成长。你对爱情的新定义是什么？你自大学以来对爱的定义就没变过吗？无论你目前是否处于一段关系中，你都可以随时创造新的定义。事实上，你应该这样做，因为爱情不是恒定的。如果你认为爱情是恒定的，你的爱情将是一条平直线。爱情是其自身的生命体，你要允许它成长、演变，随着你的成长和演变呈现出新的形态。你的伴侣也可以创造他或她的新定义。要允许这个过程的发生，并与伴侣同行。这就是爱一个人的样子。爱一个人不仅需要有充满激情的性爱和选择一家新餐厅。你们对爱的定义甚至不必完全相同，大多数情况下也不可能。重要的是你们相互分享这个过程，那么你们就做到了一起生活，而不是围绕着对方生活。

我们已经谈了很多关于爱情的话题，现在让我们退一步来谈谈生活。生活涵盖的广度远大于爱情。你单身时需要这么认为，而当你处于一段关系中时尤其要记得这一点。很多人在进入一段关系后会失去他们的生活，因为他们的关系成了他们的生活。如果你没有自己的生活，你最终会失去那段感情，或者永远无法拥有一个健康的关系。

案例：围栏上有刺

芭芭拉是个痛苦的家伙。直到她在机场看到我的书《我曾是个痛苦的家伙》时，她才意识到这一点，但她并没有买我的书。封面上醒目的字眼吸引了她的注意，她看到这本书是由一位治疗师写的。我认为这就是她没有买的原因——她也是一名治疗师。也许她觉得如果有人看到她拿起这本书，就会认为她的生活不完美，那她就没资格帮助别人处理问题。

芭芭拉拥有一个充实的治疗师执业生涯、稳固的婚姻、漂亮的娃，以及一栋简直就像从《建筑文摘》杂志里走出来的、美轮美奂的工匠风格住宅。她的房子真的被杂志报道过，这是她"最伟大"的成就之一。当我们交谈时，我看到她办公桌后面挂着的相框里就是那期杂志的照片。（另：与另一位治疗师进行会话，而她实际上坐在她自己的治疗师椅子上，这感觉很奇怪。很容易让人对谁是真正的来访者感到困惑。）

在我们的会话中，芭芭拉承认她不快乐，而且已经很长时间不快乐了。直到她读了我的书后才意识到这一点，她后来在亚马逊上订购了这本书，就为了让这本书像成人用品一样被悄悄送达。她一直在说："我应该快乐的，我拥有一切！一个华丽的家，一个充满爱心、关怀又支持我的丈夫，花了十多年才发展起来的执业生涯。我不知道为什么我不快乐。"

是的，她的确拥有了一切。以下是她每天所做的事情。她早上七点起床，与丈夫交流，去做冥想，之后吃一个快速的早餐。早上八点在她丈夫送孩子们去学校的时候，她也开始了一天的咨询工作。她在家里的办公室工作，那是一个带有独立入口的可爱小客房。中午利用短暂的午休时间吃个午饭，然后继续进行一对一咨询，直到晚上八点！然后她会和家人共进晚餐，与孩子们聊天，与丈夫做爱（一周三晚），读些东西，然后上床睡觉。第二天重新开始这个过程。

除了与家人共度的美好时光外，她基本上是为自己创造了一座监狱。作为一个曾经也满档执业的治疗师，我知道这会让人感觉非常孤独，你会轻易进入自动驾驶模式。她的生活缺乏快乐、参与感和意义感，而这三样东西是每个人的生活都需要的，否则你就不会真正拥有生活（我稍后会详细讨论）。是的，她是一位母亲，这对她很重要，但她的孩子现在已经上高中了，有自己的生活。她的确拥有满满当当的治疗工作，但那只是一份工作。她失去了激情，疲惫不堪，只是在机械式地重复工作，沉迷于稳定的现金流。最后，她的婚姻虽没有大问题或争议，但远非"完美"。他们俩是一个很好的团队，但火花已经消失。晚餐是提前买好的，性生活是预订的，处于自动驾驶状态，就像她生活的其余部分。

我们讨论了如何将快乐、参与感和意义感注入她的生活。当我没有生活时，我也没有这三样。快乐、参与感和意义感能赋予我生活。于是，我摘下我的治疗师帽子，戴上教练帽子，帮助她去实现这些。

有一次，芭芭拉为某个社交媒体制作了治疗视频并从中发现了乐趣。她很欣赏我所做的事情，还想要暗中模仿，但又很担心。我挑战她，去思考对一个定义的理解："治疗师看上去到底应该是怎样的？"她随之思考，并开始用社交媒体制作对话视频。她在这方面做得非常好，从实践中获得了很多智慧。她开始边散步边会见来访者，这些新的尝试让她走出家门，走向世界。如果她还坚持对治疗师传统工作方式的定义，那她就永远不会像今天这样做。

她开始刻意安排出一个人的时间。通过将这些新事物融入生活，她重新找到了生活的意义和价值感。她的工作是有意义的，问题在于，她以同样的方式做了太久，失去了激情。通过改变，用新的令人兴奋的方法来处理工作，她重新点燃了对职业的热爱之火。

制造参与感是最后最难的部分。她创造了一个几乎不需要与外界接触的生活。她的家是她的安全树，她很少离开。我们讨论了"对她来说参与感意味着什么"的思考之后，她开始走出家门。她尽量多花时间与朋友们在一起，这是在有了孩子后就停止的事情。她开始接受那些她以前一定会找借口拒绝的社交邀请，而她之前总是找借口不去。

我提醒她，这不仅仅与活动有关。参与是一种心态，不是观察世界，而是真正地生活在其中，用你的每根神经去感受生活。这需要全神贯注，呈现真实的自我，保持积极良好的态度，保持希望和自发性。活在你的身体里，而不是你的头脑中。这需要你去感受事物，去笑，去哭泣，去爱，去感激。

她明白了，开始融入生活之中。芭芭拉并不是一夜之间就拥有了生活，而是逐渐实现的。

一个真实的生活。

而不仅仅是可以被框起来挂在办公桌上的东西。

如何获得生活的主动权

　　我们的头脑被编了程，相信快乐是一个需要游泳前往的岛屿。如果我们到不了那里，我们就永远不会快乐。房子、爱情、工作，无论你的岛屿是什么。但快乐其实并不在岛屿上，快乐是一种我们现在就能产生的状态。它不取决于其他事情的发生，除非你让它那样。快乐也不是恒常不变的，它来来去去。快乐有潮起潮落。有些日子我们很容易感觉到快乐，有些日子则很难。快乐始于选择，其他的方面也是如此。去创造一个能产生快乐的空间。我们的生活需要基于这三个因素：

　　意义感。

　　愉悦感。

　　参与感。

　　知道这些改变了我的一切。请允许我解释一下。

意义感

我之前的生活没有任何意义感。是的，我想要很多东西，但除了婚姻，没有什么对我有意义。所以我泡在咖啡店里花数不清的时间写剧本，期待剧本大卖能挽救我的婚姻。我那时没有赚到任何钱，我确信这是导致婚姻结束的原因之一。此外，我写的东西也没有意义，那些只是能卖掉的创意点而已。我生活中的其他方面也没有意义，没有有意义的朋友（实际上我根本没有朋友），我认为他们的存在是在浪费我的时间。我无法在精神层面、与身体的关系、世界和我的经历中找到意义感，那时的我是个二维而又空洞的人。而这意味着什么一点也不重要，因为我的生活就是没有意义的。难怪我那么痛苦。

意义到底是什么？它不仅是有目标感。当然，强烈的目标能带给你意义，给你的生活带来价值和方向。如果要让生活有意义，并不只是要有目标，你可以在没有明确目标的情况下仍然让生活充满意义。意义是对你而言，就你在生活中的位置上去思考什么是有意义的。不是昨天，不是明天，就今天。就这么简单。什么对你来说重要，什么不重要？你是否将时间和精力放在对你来说重要的事上？不是对你的朋友或世界，而是对你来说什么重要！

这不仅关乎工作，还关乎感情、友谊，甚至午餐想吃什么，如果午餐对你有意义的话。无论事情大小，只要对你有意义你就要去做。有人会争辩："嗯，毒品对我来说现在很有意义。"好吧，毒品真的有意义，还是你用毒品来应付毫无意义的生活？意义感能将"你的真相"和"你是谁"联结起来。如果你不重视这点，你就会偏离自我。你会偏离很多事物，从"你对汽车的品位"到"你想在这个世界上留下什么痕迹"。如果是真诚的，那就是有意义的；如果它有意义，那它就很重要。

如今我仍然在写作，不是为了卖书，我写作是为了帮助尽可能多的人。这对我来说很有意义。即使是发短信，也觉得有意义，因为我每天给成千上万人发短信，希望我的回复能给他们新的心态，或者至少提醒他们一些事情。我建立了有意义的友谊。健身对我很有意义，我用健身与身体建立联系。我的摩托车很有意义，它带给我平静和嘴角的浅笑。我在我所做的一切事情中寻找意义，否则就不花时间去做。这事情对我来说必须是重要的。以前我做事情不是为了重要性，而只是为了得到认可、获得验证或能赚钱。今天，如果对我来说没有意义，我就不感兴趣。我不会回到过去那种看不见的生活。

很多人会做一些无关紧要的事情。他们将时间和精力花在缺乏实质内容的感情上，做他们觉得应该这样做的事情，而不是因为他们想要这样做，然后他们心里不仅对他人，还对自己累积愤怒和怨恨。现在他们携带着这种低级别的愤怒让生活变得灰暗，变得情绪化，变得不快乐。赋予生活意义感可以让你减少愤怒和怨恨。当你去做真正对自己重要的事情，那些事情与你真实的内在和你的经历相符时，你不仅生活得更接近你的潜能，你也会变得更轻松、更快乐。

你生活中所做的事情真的对你有意义吗？你花时间经营的关系真的有意义吗？

愉悦感

关于愉悦的误解是，它会自然发生，会突然降临到你的怀抱，你只需闭上眼睛享受它，它无处不在。的确如此，但你必须去寻找它。这和能力有关。

在我以前的生活中几乎没感受过太多快乐，因为快乐从未神奇般地出现。即使它出现了，我也不会感受到。我那时的内心是关闭的，不允许自己感受愉悦，除非发生了一些好事。持有这种心态你就无法体验到愉悦了。如果有事发生愉悦才会出现，那它只能在远处看着你。其实愉悦感是可以创造的，而且它是一种练习。

无论你的生活处于何种状态，或者你正在经历什么，你都要在当下所拥有的事物中去寻找愉悦。它不是在你找到"完美"

爱情的那一刻才出现，也不是获得那份令人惊叹的工作或中了彩票时才出现。难怪大多数人找不到它。获得愉悦感需要你在流沙中找到黄金，在不好中发现好。你要训练大脑去停止追逐，并在当下所拥有的东西中发现快乐。

这就是正念和感恩的作用。你要训练大脑在小事情里发现快乐，比如一个创意的诞生、清晨的第一口咖啡、一阵微风、一次有意义的对话、一场艰苦锻炼后的感受。这些都是普通小事，你可以每天都拥有，只需要通过练习"能产生愉悦感的艺术"来发现它们。我称之为寻找花蜜，我在左二头肌上文了一只蜂鸟，以此来提醒自己要去寻找花蜜。

以下这些是我每天尝试制造的花蜜。我将它们作为实践融入日常生活中，我清醒地意识到自己正在训练大脑为在生活中体验到更多的快乐而做好准备。

——清晨宁静时分去品尝新鲜热咖啡的快乐。不去想任何事情，只是存在于当下，利用所有感官享受那一刻，让整个身体逐渐醒来。

——创造力的快乐。写作、录制视频和播客、发短信等，以真诚的方式表达自己，让自己感到活着。

——社交互动的快乐。确保经常与朋友联系，与此同时保持着真实的自我。能表达爱，也能感受被爱。

——日常运动的快乐。通过运动与身体连接，从精神上和身体上一起促使自身分泌多巴胺。

——骑摩托车的快乐。从发动机和两个轮子产生的肾上腺素。风拂面颊。听二十世纪八十年代的音乐。

——用餐的快乐。有意安排自己去享受美食。尝试不同风味的料理和餐厅。

——与来访者进行会话时的人际交流快乐。倾听并联结他人的经历，联结并指导他人。允许自己被感动。在每次会话后以某种方式获得改变。

——通过有声书和视频，学习自我提升，学习人类存在本质的快乐。

——通过反思获得无论大小的每日新领悟的快乐。通过关注和见证我的思想和感受，而不是被它们牵引和淹没。

这些都是我今天生活中拥有的、能产生快乐的事物，我拥有它们，它们是我的，不因其他事情的发生而改变。它们就在这里，给我带来快乐。我只需要去寻找它们，将这些作为日常训练。

那么，你今天预备怎样制造生命中的愉悦？

参与感

　　许多人忘记了，丰富多彩的生活不是自然而然发生的。我们必须参与生活，让丰富的颜色出现。这需要付出努力并愿意去这么做。我们不能只是站在生活的边缘，期待生活会自动变鲜亮。想象着生活就是一条不停流动的河流，你就站在河流旁边。你既可以选择站在那里凝视自己的倒影，也可以跳进去游泳。如果你只是站在那里，你不是在生活，你只是在观察生活。你得选择每天都去参与其中。

　　也许你会说：但我真的很投入！你起床，去上班，和人们交谈。是的，你在接近参与。但参与不只与参加活动有关，参与意味着每天以你最真实的姿态出现。对所有事情都是如此。无论你是在无聊的工作会议中，还是在做爱，参与意味着完全以你的真实状态存在。这不是自然而然就会发生的。它需要努力。

　　参与生活不仅是要在事情发展顺利的时候。即使在事情不顺利的时候，你也必须参与。很多人在生活的起伏来临时选择逃避或麻痹自己，参与则意味着允许自己感受着它，知道这种起伏不会永远持续。如果你在哀悼，那就体会这个哀悼。如果你感到孤独或正在经历分手，那就沉浸在孤独和分手中。如果你正在经历重大的生活转变，那就投身于这个转变。你正在经历的事情并不会淹没你。我想说的是，深度体验生活的春夏秋冬，无论好坏。

　　参与看起来是什么样的呢？打电话给朋友，尝试和他们出去玩。对你的伴侣表现出脆弱。终于表达出你的感受。划定界限也算参与。参与意味着跳进冰冷的海洋。参与意味着去做舒适区以外的事情。参与意味着去改变事物，就像换条路径走回家，这样就能沿途看新的事物。参与意味着接受，原谅，道歉和承担责任。参与可以意味着跳舞，即使你感到尴尬。参与可以简单地意味着离开你的房子，因为什么也不做就是不参与。

这么说吧，参与对于每个人的意义不同。你来决定参与的意义。

案例：没有问题不代表真的没有问题

特里莎是她丈夫送来的。就像我说的，如果有人是被送来的，这类咨询一般就很少能有效。特里莎承认她感到沮丧，不知道为什么。她拥有一个生意很好的公司，一个关心她又忠诚的丈夫，一群好朋友，以及令人印象深刻的瑜伽练习。她没有经历过创伤或黑暗的过去，不需要处理像虐待这样的事情。她的婚姻并没有破裂，她的友谊也没有不平衡。

我们的会话就像拔牙一样，因为她的生活没有什么问题。

随着我们更多次见面，我意识到她没有真正参与到她的生活中。她的生活有稳固的结构，非常高效。但她没有参与感，没有存在感，和别人没有眼神交流，总是直视前方，不断向前。

她没有真正在生活，相反，她只是在观察生活。

我们一起更深入地探讨问题所在，发现没有哪件具体的事情让她变成这样。只是很多年稳妥的常规生活让她习惯了自动驾驶模式。所以我指导她练习正念，静下心来，参与当下，不带判断或意图，单纯就是存在。对她来说这很困难。就像受着东方的水刑，总需要有一个点支撑。而她需要一个理由。这使得她在外表上看起来非常进取，但内心却逐渐枯萎。她还在继续努力尝试。

然后，她越是全神贯注地存在，想通过积极参与到他人、各种时刻和各种活动来展现自己，就有越多人注意到以前没注意到的关于她的小细节。比如她古怪的幽默感，她其实是个很有趣的人。更重要的是，她注意到了与自己有关的事情，大事、小事、好事、坏事，这些事情是因为她以前没有参与而没有被注意到的。她观察，她观察是因为她担心。她越是参与生活，就越发现自己的一些事情。她越是发现自己，就越能从抑郁中解脱出来。没有问题并不意味着真的没有问题。

跳出时间机器

坐在约书亚树的沟渠里听音乐，看天上星星舞动的那个晚上，我产生了顿悟，这可能是我一生中最专注、最存在的时刻。我意识到了生活在时间机器以外的生命力。

在我所遇到的来访者中最常见的困扰之一，是他们一直活在自己的头脑中，要么沉溺于过去，要么对未来过分着迷，我称之为生活在时间机器中。这也是我自己的挣扎。这里有一个过程，看看你是否能够产生共鸣。

我一度对过去发生的事情有所思考。我会回顾与前女友共度的某个有意义的时刻。那个想法产生了一种感觉，那感觉让我开始想念她。于是我开始纠结：离开她是不是一个错误？我们应该重新在一起吗？我应该给她打电话吗？我想知道她在做什么。我现在是不是跟错了人？

想到这个我就特别纠结。我脱离了此时此刻，生活到了过去。而这一切都不是基于真实，只基于一个产生了感觉的想法。我甚至可以进一步采取行动，去联系我的前女友，然后当我想起当初关系结束的所有原因，又立刻会后悔。另一种可能是，我没有采取行动，但继续沉浸在这些想法和感受中，这让我停留在自己的思维中，无法专注于当前的关系。然后就会产生距离和漂移，这会波及我现在的亲密关系。所有这些都是因为我允许自己被思维劫持了。

听起来熟悉吗？这只是一个简单的例子。想象一下我们一天中产生多少思维，有多少思维会劫持我们离开此时此刻，被拉进时间机器。不仅仅是我们过去的感情，还有我们的工作、友谊、与家人发生的纷争等。还有那些对尚未发生的事情的困扰。如果没能完成销售怎么办？得不到加薪怎么办？考试不及格怎么办？如果你永远找不到"那个人"怎么办？这些思维都会产生感觉和焦虑。突然间，我们被假设的情况淹没，没能活在现实中。头脑劫持了我们，让我们离开了眼前的生活。

当我们单身时，生活在时间机器中就是最能削弱我们的方式。沉浸于过去，对未来过分着迷，这份糟糕比我们在一段关系中脱离当下还要严重。因为当我们爱上某人时，我们不会考虑自己。我们会考虑伴侣或关系本身，思考伴侣想要什么以及我们能给予他们什么，以及我们怎样可以为了别人而变得更好。我们思考情感关系，思考如何使其变得更加坚固，思考去哪里吃晚餐、看什么电影、邀请谁来游戏之夜。

但当我们单身时，我们就只剩下自己。这是一个我们不习惯或不喜欢停留的不舒服的地方。所以只要我们去寻找别人就可以成为其他事物的一部分，这就像抓住泳池的边缘就不用游泳。这样我们就不用面对自己。如果我们找不到可以依靠的人，我们就会默认回到过去和将来，这就像一块被翻转的磁铁，无法停留在当前的此时此刻，因为那里住着我们所有的不安全感。我们有时会活在时间机器中，不知道沉溺于过去和未来只会制造焦虑。

★ 行动指南 ★

第一步：觉察坏习惯

留意一下你隔多久会回顾过去或展望未来。当注意到自己这么做时，身体会有什么感觉？这个电影让你产生了什么感觉，会引导你到哪里？你感到充满力量还是沮丧失望？你是否回放所有的"如果"并想知道，如果事情换种可能生活又会是什么样子？你是否在想会发生但还没有发生的事情，如果它永远不发生怎么办？当知道你无法改变过去或预知未来，你感觉如何？很可能，不太好吧？那么，你是否因此责备、评判他人或你自己并内化这些感觉？你是否为过去的选择而自责？你是否为没有清晰的未来而感到自卑？

如果是的话，你已经迷失了自己。你现在正以光速行驶，你需要在开始不健康行为之前回到现实。在你对付不良行为之前，在惩罚自己之前，在你允许思考过去或未来之前，在你对自己做出评判之前，所有这些都会影响你的现在。而当下才是真相存在的地方。

跟随这个思维路径：一个想法 → 一种感觉 → 内化 → 行为。看看这会把你引向何方。你喜欢这条路径引导你去的地方吗？这是健康的积极的，还是不健康、容易产生焦虑和恐慌的？

第二步：挣脱旧模式

别让你的想法钩住你。看到它们，注意它们，观察它们，但要创造距离，这样它们就不会劫持你。你的想法不是你，想法只是思维，由判断和扭曲产生。所以你要去创造距离。就像透过玻璃雪球看里面的微型景观，以上帝视角看待它们、观看它们。不要认为这些想法是你的。允许自己感受你的感觉，同时也明白它们只是感觉而已，感觉不是事实也不是真理。它们会流经你，并流过去。

第三步：创造新想法

思考那些让你感到充满希望的事情，让世界变得宽广，而不是狭窄和黑暗。思考你从过去学到的东西，而不是想要改变它。在心理传送带上增加新的想法。选择你想要思考的内容，只要保持积极，你的感觉就会是积极的。与其产生焦虑和恐慌，不如想一些产生感激和快乐感觉的想法。播放一部不同的电影。

第四步：重复再重复

从第一步做到第三步，然后重复，直到永远。

第四步是最重要的部分。人们以为，如果他们用一个周末的时间练习这个就能摧毁他们的时间机器。想想你正尝试做的事情。你正在尝试解开多年来的思维模式和思考模式，这是根深蒂固的。所以，重新编织你自己的思维是需要时间的，这需要每天练习，就像改变身体一样。冥想可以极大地帮助你，它将创造你需要的距离。它会插入一个减速带，这样你就不会那么快从想法跳到感觉再到反应。深呼吸。注意，不要评判，创造距离，允许一切发生。

在完成一天的练习之后，问问：自己感觉如何？你的一天是否因此而有所不同？如果是，如何不同？你是否能够更专注于当下？你的焦虑是否减少了？

现在试着将更多的日子串联起来。

撕掉旧蓝图

无论你是否意识到，我们头脑中印刻的蓝图正是我们的思考来源。我们的生活就是自己追随这些蓝图的产物。举个例子，假设你对幸福生活的定义或愿景是有白色栅栏的房子、两个孩子和与这种生活匹配的宝马车。但你已经快四十岁了，还没结婚，没有孩子，开的是本田车，你有极大可能不会感到快乐，因为你当前的生活与脑海中的蓝图不匹配。对比反差越大，焦虑和不快乐就越多。现在，你有两个选择。

选择一：尽你所能去匹配那个蓝图——找一个对的人，生孩子，买房子。

这样做，你可能会在选择爱人时妥协。由于你的生物钟在嘀嗒作响，你可能会就自己和应得的东西讨价还价。然后那段关系变得不健康甚至有害。但你还是和他生了孩子，因为孩子也是你蓝图的一部分。更深层分析，你生孩子可能就是为了分散你对婚姻问题的注意力。现在你在一个糟糕的婚姻中独自抚养孩子，因为双方情感和身体上的疏远让你们都选择退出。最终你受够了，选择离婚。你感觉自己彻底失败。现在你快五十岁了，不得不重新开始生活。

选择二：撕掉你的蓝图。

我们的蓝图是由我们对幸福、爱、健康、成功等一切的定义所创造的，我们中的许多人还生活在过时的定义中。这些过时的定义由父母、朋友、社会、广告、商业和旧版本的不再真诚的自我所赋予，遵照这个定义，我们就过上了不真诚的生活，也可能是别人的生活。最终，这会导致断裂和不幸福。

这里有一些人们通常想要追随的蓝图：

在三十岁前结婚生子。

获得大学学位，以便找到年薪六位数、福利优厚的工作。

购买房子。（这意味着我们已经成功了）

拥有自己的企业。（为别人工作意味着你不成功）

这里有一些我们常持有的定义：

离婚意味着你失败了和 / 或你有缺陷。

如果我没有孩子，意味着我有问题。

如果我单身，意味着我有问题。

如果我没有完成大学教育，我将永远不会成功。

爱意味着给予一切。

敏感是一种弱点。

以下是我曾经尝试追随的蓝图，当时我是个悲惨痛苦的傻瓜。

一个美丽的妻子。

一栋位于好莱坞山的房子。

作为编剧同时签订了三部电影的合同，在片场拥有自己的办公室。

房子旁边的车道上有保时捷和路虎的组合。

这是我钉在心头的愿景，是我每天将生活与之对比的东西。一切都围绕着拥有这些东西而展开。因为我没有这些东西，我就不允许自己快乐。我想要山上的房子、属于我的编剧工作室、合同还有豪车，这都没什么错，但这个蓝图非常二维，它们只是物品，就在远处，让我处于追逐状态却无法发展自我意识。我不知道我是谁，我只是想要"成功"。当然，我对成功的定义也是二维的。

以下是我现在的蓝图：

我依然想要山上的房子。我仍然想要豪车和几辆摩托车。但这些是通过追索真正的核心理念，过上有意义生活后所产生的东西。我想帮助人们，我想创造对话，我想写书。我想成为一个好人，不仅仅是拥有物品，我想做有意义的事情。我想喜欢自己。我想过上真诚的生活并感觉在这个世界上留下了痕迹。我想成为生活和爱情的学生并持续学习。我想要以灵性生命体的形式存在并成长。我想成为一个父亲。

有了这个蓝图，我不再只是追逐物品。相反，我在内心深处寻求成长和变得更好，然后可以分享我的故事并帮助他人。这些愿景只是那个过程的副产品，这个蓝图关乎成长和新启示，而非房子、车和漂亮的妻子。按照这个蓝图前进，我更多地处于吸引的状态，因为我是由内而外地在生活，而不是由外向内地被驱动的。我们的天赋知道我们是谁，当我们积极地更多地致力于了解我们是谁，而不仅仅追求想要的东西时，美好事物发生的可能性会成倍增加。我们开始吸引，不再去追逐。这是一种充满着力量的生命状态。

问问自己：这份蓝图真诚地应对了你的内心世界吗？你追随过一些过时的或属于别人的东西吗？

去创造新的定义。是时候重新定义一切了。诚实地适应你今天的处境，以及你到目前为止对生活、爱情和自我了解的所有知识。

爱情是什么样子？

成功是什么样子？

约会是什么样子？

健身是什么样子？

自我关怀是什么样子？

保持觉察是什么样子？

单身状态是什么样子？

重新评估自己的价值

如果一定要我从这趟单身旅途中只选一项特别收获，那就是我最终相信——我是有价值的。这个无与伦比的收获改变了我的行为和能量，驱使我去发现新的定位，使我变得更快乐，并彻底改变了我的生活，使我自己变得更完整、更有人性。"我是有价值的"这个结论不是通过自负的或比较的方式得出的，而是基于"我不完美，但我足够喜欢自己来投资自己"。我终于相信自己能为关系带来价值，并且有东西可以提供给这个世界。但在我开始连接并与自己建立关系之前，即便我尝试做了这本书中提到的所有事情，我也不能相信自己是有任何价值的。那时，我的价值还来自自己是否取得了成就，来自那些选择爱我的人。那些都让我感到无力，自然也会感到自我价值的递减。

大多数来访者在见到我时都处于这种状态。他们不相信自己是有价值的，这就是为什么他们如此迫切地想要找到另一半，只为了证明他们确实有价值。所以他们会妥协并容忍有害的关系，停留在无法让自己成长的糟糕工作中，维持着不平衡的友谊。他们的婚姻破碎，充其量也只是表面平静。他们没有全身心地投入生活，反而生活在恐惧中，允许这个世界和其他人用默认的画笔和默认的颜色去任意描绘他们的生活，最终创造出一幅无法引以为傲的、抽象又模糊的生活画作。他们没能自主地创作出一幅留给他人欣赏和享受的艺术作品，生活反而在别人的画笔之下变成了一件廉价的艺术装饰品，他们尴尬到不想将之挂起。

一切都始于或终于你对自己的信念。你的信念将决定你走向何方，你将成为谁。

请注意，相信自己是有价值的，这不只是一个决定或一个宣告，这只是一个开始。需要花很多年时间去重建与自己的关系，才能最终真正相信自己是有价值的。你正在重组一些根深蒂固的思维和信念，它们是由内在创伤、带虐待性质的感情关系和一个受惊吓的童年形成的。这些印记在你成年之前就形成了，那个你无法控制的环境和那些缺乏价值感、用反应驱使行为的人们共同创造了这些印记。我们所有人都经历过使我们质疑自己价值的情况、环境和关系，都经历过考验，被不公平对待、被欺凌、被出轨、被欺骗、突然被遗弃。此外，还有失败的婚姻、破产的生意、突然结束的友谊、断绝关系的家庭成员……这些是每个人身上都会发生的事情。我们把所有这些都与自己的价值联系起来，我们生活中的外部事件最终决定了我们对自己的内在信念。

没有人能避免这些，但你可以疗愈，可以重建。你可以到达那个地方，开始相信你是有价值的。你必须这么做，因为如果不这样做，你将永远无法用新的体验去改变旧的理念。你将永远不会为自己建立起促进成长的健康空间。你将因为总是在需要说"是"的时候说"不"，从而永远无法做出更好的选择。你将默认一切都无所谓，让过去的事情阻碍你去成为可能成为的人。

当你相信自己是值得的时候，整个世界会发生变化。

是时候去重新评估自己的价值了。迸发出刺破长空、飞天揽星的超级能量，不要让过去发生的事情淹没你，让你停留在恶性的负面思维模式中，那会削弱你的存在，剥夺你的灵魂，粉碎你的梦想。

那我们如何做到这一点？如何相信自己更有价值？

由此开始：**价值，不是你相信的东西，它是需要你去创建的。**请再读一遍这句话，因为大多数人认为他们可以靠硬撑就能相信自己有价值。你不能这样做。创建价值是一个过程，更准确地说，是一种空间。

你可以畅想自己想成为什么样的人，你想要什么样的感觉是能给自己全新体验的。人们很难改变自己的信念，没有什么比新体验更有说服力的了。

新的体验 → 改变信念 → 新的定义 → 更多新的体验

你需要给自己什么新的体验，才能使得自我认知开始被撼动，并随着你创造新的定义而改变？一旦你有了新的定义，你将根据这些定义去创造新的体验，并带来新的体验，这些新体验再去撼动更多的信念。这就是开始重塑自我的模式。

你是否需要体验一段时间的单身生活，以便了解自己是否能做到一个人独立生活？

你是否需要给自己一段健康的爱情经历，以便体验那是什么感觉？

你是否需要找到一种你真正享受的锻炼方式，让自己知道做真正喜欢的运动是什么感觉？

你是否需要去体验从事自己所热爱的工作，让你知道再也不必害怕工作？

　　你需要给自己什么样的体验？

　　这个过程可能看起来很有压倒性，所以要知道这是一场马拉松，不是赛跑。这没有终点，而是一种心态和一种生活方式。你将继续寻找新的体验，这些体验将改变你的信念并建立你的价值。因为生活会继续向你袭来，还会发生让你下跪的难过的事情，还有人会再次伤害你的心。你将永远面临考验和质疑。但如果你停止蹬脚踏车（给自己新的体验），你就会停止前进（成长和建立价值）。

　　开启一项新的体验。它不必是改变生活的大事，也可以是小事。比如放下评判心去进行一次全新的对话。在会议室举手发言，说出你的真实想法。拿出从未有过的努力去尝试新的锻炼方法。做一次出于热情而不是逻辑的新决定。

　　尽你所能去体验这些，然后再去追求更多新的体验。要知道，通过给自己新的体验，你在建立你的价值。

高频率生活

　　我相信你以前听说过这个概念，但像大多数人一样，你可能没有有意识地去保持这种状态。高频率包括爱、感激、乐观、快乐、接受、勇气、易感，指的是任何能把你从恐慌和消极中拉出来的状态，任何让你充满希望和乐观的状态，任何能扩张而不是限制你的状态。这不是精神层面的事情，而是一个关于心灵、身体、能量的事情。你生活的频率越高，你在物理、情感和心理上的感觉就越轻松。但挑战不在于到达哪里，我们在某些时候都能感受到爱和乐观，难的是将自己保持在那里。

　　所以生活在较高频率与你的价值有什么关系？

　　我在二十几岁和三十几岁的时候，大部分时间都处于较低的频率。主要是担心和恐惧，担心明天，害怕今天，日复一日。在这种状态下，几乎不可能相信我有任何价值。因为它阻止了我给自己带来任何新体验，而那本可以改变我对自我的信念，让我知道生活还有哪些可能，并为我的生活注入希望。相反，它让我陷入困境，沉浸在自己的困境中。

直到经历了多次过期关系，没有存在感也不快乐，那之后，我终于决定画下一条硬线。我意识到我的低频率——消极状态不仅影响了我，还影响了他人。我在劫持他人，是时候改变了。所以，每当我感到自己因为错误的思维、态度和观点陷入低频率时，我就开始特别留意，尽我所能将自己拉出来。

没有指导手册。就像你一样，我只有 YouTube 上的励志视频和社交媒体上关于感激的表情包。是的，我有治疗师的学位，但这并没有让事情变得更容易。症结在于，你没法强迫自己处于更高的频率。你只是做了决定不想再待在低频率里，这不意味着你就会自动被带入高频率状态。

我最烦找借口。所以我完全停止所有上瘾行为。我向自己承诺，当陷入低频率时，我会意识到，并尽我所能提升它。

★ 行动指南 ★

第一步

感受到自己陷入低频率时，我会做两件事：

1. 我会立刻和这种负面思维保持距离。通过冥想来制造距离，或散步，骑摩托车，和朋友喝咖啡。泡冷水浴。尝试任何能帮助我释放对思维依赖的方式，让自己不被思维淹没。

2. 动用我的身体往往是提升频率的最快方法。我会试图身心融合，通过做一些体育运动来让身体再次感到轻松。也许是锻炼或跑步。

对许多人来说，我们无法做到立刻离开工作去做积极的升频活动。但我们可以出去快速散步，哪怕只有五分钟。在散步期间我会听些东西。播客、歌曲、我为自己录制的音频，提醒自己我是个"瘾君子"，陷入消极就是我的"毒品"。我就要"吸毒"了，所以停下来！陷入低频率的后果就是失去我想要的生活。我必须制造这种紧迫感，必须告诉自己我的生活岌岌可危——因为事实确实如此。

第二步

我探索并质疑这种悲观模式从何而来，意识到它开始于我很小的时候。这种担忧来自我父亲，他也挣扎于这种低频率状态。是的，他有时候很有趣和外向，但大多数时候他把他的成年人担忧——关于钱、账单、工作和债务——强加给我们（他的儿子们）。这或许是文化的一部分，因为韩国家庭视所有家庭成员为一体，这意味着父亲的低频率状态实实在在地影响了我和我兄弟，使得我们迅速长大。我兄弟十三岁就长成了一个成人、一个负责任的人，而我试图通过外出和朋友玩耍来逃避压力。但我总得回家，当我回来时，我感受到了来自父亲的低频率，我仍吸收了它。

一旦你发现它的来源，你就可以创造距离和同情。如果不懂得低频率的来源，你会为自己陷入低频而生气，然后内化它并自我责备。这不会建立自尊，恰恰相反，它会破坏自尊。

这和你画下硬线一样重要。"理解"这个词有力量和治愈的含义，它中和了情绪，构建了一座桥梁使你进化，进化使得你能生活在更高频率，而不是意志力让你达成这种状态的。

是时候去再次相信

　　为什么是时候再次相信？因为你曾经相信过，我们都信过。在充满戏剧性的生活、各种混乱、规律、伴侣和失败发生之前就信过。在被遗弃、被忽视、退出一段感情之前就信过。在遇到无法预计的事件之前就信过。在被解雇、秉持错误信念、内在消亡之前就信过。在结婚、生孩子、分手和转角办公室之前就信过。

　　当你相信时，世界是宽广的。每一天都是开阔的，一切皆有可能。不像今天那样狭窄且开始趋向封闭。是时候了。去相信爱情，去相信汗水，去相信建立联结，去重新开始。因为结束并不意味着重复，它意味着新。但，你再一次信了才会有新。

　　你的信念将决定你是真正活着还是仅仅存在。是时候相信了，因为一切都从这里开始或结束。

结语

最后，我想和你分享一个自我提醒。那是一句口头禅。我真的把这个句子写下来了，放在冰箱上用磁铁（一个很大的磁铁）吸住时刻提醒自己。那是我在单身的时候写下的一个双关句，它帮助我度过了所有的单身旅程，直到今天仍然在帮助我。我希望它也能帮到你。

一个人，每一天

要知道你是极其珍贵的。把每天都当作最后一天，去开始你的一天吧。寻找甘露，扩展你的亮点，打破你那装饰性的外壳。练习变得通透，深情地爱，敢梦敢想，每天流汗。不要抗拒，不要助长消极情绪，不要和消极的人交往。不要活在过去，忘掉你的身份。碾碎错误信念。证明你是错的，然后迎头奔向你的恐惧，不要逃避它。用尽全力去投掷你的石头，做好它会溅起水花、制造波澜的准备。要做棱镜而非岩石，去折射阳光，制造彩虹。多喝水，多提问，把你的频道调整到给予。不要八卦。不要去寻求认可或验证。走出你的头脑，那是最危险的地方。不要只是反应，要有回应。吃得健康而不是吃得更多。独自做事。先理解再发表意见。焚烧你的旧船，积极向前。原谅。了解某人。心怀感恩地进入梦乡。

致谢

劳拉·约克，感谢你不仅仅是一名文学经纪人，还是一个真实的人。感谢你对我的信任并将我视为家人。感谢你引导我，教我诀窍，并在纽约为我做意大利面。谢谢你让我重新爱上写作。

希拉里·斯旺森，你是我的编辑，因为热爱书籍和捍卫"说出观点"，感谢你两次冒险选择了我。感谢你出席我的签名会。感谢你，因为你是地球上最容易合作的编辑。没有你，我的书就没法儿阅读下去，你让我成了更好的作家。感谢你的品位，感谢你我之间的联系，感谢你的信任。

HarperOne 团队。HarperOne 的每一位成员，感谢你们让这一切成为可能。这是一个梦幻团队。感谢你们的支持和对我的信任，感谢你们允许我在边缘驰骋并说出我的真相。艾丹·马奥尼，感谢你的眼光和新鲜视角。

凡妮莎（我的女朋友），感谢你如此支持和爱护我。感谢你阅读我那糟糕的草稿。感谢你对我的信任。感谢你与我分享你的单身经历并不带评判地倾听我的故事。感谢你选择每天爱我，即使有时很困难。感谢你的真实自我。当然，也感谢你生下我们的孩子。我希望有一天她能读这本书，并帮助她与自己建立联系。感谢你拥抱我的过去，与今日的我共舞，因为有你，我们才能共建明天。

约翰·金
美国执业婚姻家庭治疗师/作家

被称为"愤怒的治疗师",以打破传统的心理咨询模式著称,常与来访者在咖啡厅、健身房、户外等非传统场所进行治疗,共同探索成长。

创立全球治疗师联盟,鼓励从业者以真实状态帮助他人,以平等对话替代权威指导。

重新定义现代人情感困境的解决路径,将治疗融入生活实践,强调"断开重连、打碎重建"的理念,帮助来访者通过学会独处、自我觉察和重建行动力获得真正适合自己的人生蓝图。

为自己跳舞，就会有人加入

作者 _ [美]约翰·金　　译者 _ [加]乙霖

编辑 _ 徐畅　　装帧设计 _ 廖淑芳　　主管 _ 木木

技术编辑 _ 顾逸飞　　责任印制 _ 刘淼　　出品人 _ 贺彦军

果麦
www.goldmye.com

以 微 小 的 力 量 推 动 文 明

图书在版编目（CIP）数据

为自己跳舞，就会有人加入／（美）约翰·金著；
（加）乙霖译. -- 成都：四川文艺出版社，2025.5（2025.8重印）.
ISBN 978-7-5411-7225-0

Ⅰ．C913.13-49

中国国家版本馆 CIP 数据核字第 2025ZP3856 号

SINGLE ON PURPOSE: A Guide to Finding Yourself, Copyright © 2021 by John Kim.

Published by arrangement with HarperOne, an imprint of HarperCollins Publishers.

著作权合同登记号：图进字 21-25-96

WEI ZIJI TIAOWU, JIUHUI YOUREN JIARU

为自己跳舞，就会有人加入

〔美〕约翰·金 著　　〔加〕乙霖 译

出 品 人	冯　静
责任编辑	姚晓华
特约编辑	徐　畅
装帧设计	廖淑芳
责任校对	段　敏
出版发行	四川文艺出版社（成都市锦江区三色路 238 号）
	果麦文化传媒股份有限公司
网　　址	www.scwys.com
电　　话	021-64386496（发行部）　028-86361781（编辑部）
印　　刷	北京盛通印刷股份有限公司
成品尺寸	145mm×210mm
开　　本	32 开
印　　张	8
印　　数	6,001-9,000
字　　数	145 千
版　　次	2025 年 5 月第一版
印　　次	2025 年 8 月第二次印刷
书　　号	ISBN 978-7-5411-7225-0
定　　价	59.80 元